紫图图书 出品

ACRES OF DIAMONDS

神奇的百年致富经典

Russell Conwell

[美] 罗素·康维尔 著

丁伟 译

民主与建设出版社
·北京·

© 民主与建设出版社，2024

图书在版编目（CIP）数据

神奇的百年致富经典 /（美）罗素·康维尔著；丁伟译 . -- 北京：民主与建设出版社，2024.11.
ISBN 978-7-5139-4752-7

Ⅰ . I712.65

中国国家版本馆 CIP 数据核字第 2024XG4584 号

神奇的百年致富经典
SHENQI DE BAINIAN ZHIFU JINGDIAN

著　　者	［美］罗素·康维尔
译　　者	丁　伟
责任编辑	郎培培
装帧设计	紫图图书ZITO®
出版发行	民主与建设出版社有限责任公司
电　　话	（010）59417749　59419778
社　　址	北京市朝阳区宏泰东街远洋万和南区伍号公馆 4 层
邮　　编	100142
印　　刷	艺堂印刷（天津）有限公司
版　　次	2024 年 11 月第 1 版
印　　次	2024 年 11 月第 1 次印刷
开　　本	710 毫米 ×1000 毫米　1/16
印　　张	10.5
字　　数	116 千字
书　　号	ISBN 978-7-5139-4752-7
定　　价	55.00 元

注：如有印、装质量问题，请与出版社联系。

序言
PREAMBLE

  康维尔先生的一生中,最耀眼的成就莫过于"钻石之地"演讲。这不仅仅是一场场演讲,更是他无数次的热情传递,为无数人点亮了希望的火炬。他从这一演讲中获得的财富,以及他如何将这些财富用于更有意义的地方,都体现了他的人生态度和价值追求。这一场场演讲的成功,就像一颗颗璀璨的钻石,闪耀着康维尔先生的智慧和决心,彰显了他坚定的品质、远大的目标以及非凡的能力。

  可以说,这一场场演讲像一盏盏明灯,照亮了每个人的内心,并且让我们坚信,每个人都有成功的可能。而且,康维尔先生反复演讲了5000多次,听众的热情非但没有减退,反而愈加高涨。

  有一段关于青春岁月的记忆,康维尔先生每每想起都心如刀绞。某个夜晚,他向我敞开了心扉。伴随着讲述,他的声音逐渐低沉,仿佛穿越回了那个在耶鲁大学求学的年代。他告诉我,那是他最痛苦的日子,因为他身无分文,却为了筹集学费而不得不忍受巨大的羞辱。但请注意,他并未因工作艰辛而退缩,也未因贫穷和困难而气馁。他真正难以忍受的，是那种深深的人格羞辱，即使半个多世纪后提及，依旧令他痛苦万分。然而，正是这些羞辱，最终激发了他创造一个奇迹的决心。

"那时我就立下誓言，"康维尔先生坚定地说，"只要能让更多的年轻人轻松步入大学校门，我愿意付出一切。"

于是，他开始将通过"钻石之地"演讲赚取的每一分钱都投入这个伟大的事业中。他手里有份"等候名单"，这份名单主要由大学校长们提供，他们清楚哪些学生急需这样的援助。虽然康维尔先生无法亲自去了解名单上每一个名字背后的故事，但他依然尽己所能地提供帮助。

"每当夜幕降临，"康维尔先生回忆道，"演讲结束后，我独自在旅店的房间里坐下来，开始计算这一天的收入。扣除必要的开支后，我将余额开成支票，寄给名单上的某个孩子。我还会附上一封满是鼓励之言的信，告诉他们这只是我微不足道的帮助，希望他们能以此为动力，日后更好地服务社会。"

他脸上洋溢着幸福的笑容，继续讲述道："这真是一件美妙的事情！每次寄出支票后，我就会从名单上划掉那个名字，然后期待着轮到下一个需要帮助的孩子。这简直就像一场冒险！"

稍作停顿后，他又补充道："我从不寄出足够的钱来承担某个孩子的全部费用，因为我不想让他们完全依赖我。我的初衷只是希望他们不要因贫穷而受苦，而每一张支票，都是对他们的一份帮助。"

康维尔先生告诉我，他从不期待从这项事业中得到任何回报或感谢，因为那样会耗费他大量的时间和精力，并且还需要处理一大堆信件。更重要的是，他不想让孩子们觉得有义务对他负责。

我对他说，他这样做无异于将面包丢入河中，有去无回。他沉思片刻后微笑着回答："随着年龄的增长，你会发现，当你真心实意地去做一件事时，那份满足和成就感已经超越了结果本身。你会感到，你付出的每一分努力都得到了应有的回报。"

康维尔先生的秘书告诉我：最近，在乘坐火车经过明尼苏达州时，一位曾经得到康维尔先生资助的青年在火车上认出了康维尔先生。那位青年激动地叫来了妻子，一同向康维尔先生表达深深的感激之情。康维尔先生被他们的热情弄得有些不知所措，但这份感激，无疑是他心中最宝贵的回报。

康维尔先生将自己的演讲称为一次心灵的触动，旨在点燃每个人内心深处对崇高职业的热忱与追求。这一场场演讲，是康维尔先生传递爱与帮助的媒介，充满了魅力和真诚。他的言辞富有智慧，充满了启发性的联想。无论走到哪里，他都因地制宜地调整演讲内容，但核心不变——一种激励人心的力量。即使是对他的演讲耳熟能详的听众，也总会被吸引，一再聆听。他曾风趣地透露，有些听众甚至已经听过他20次演讲了！

开始演讲后，康维尔先生会先讲述一个他与一位阿拉伯老人一起去尼尼微时听到的故事。他的话语如此自然流畅，听众仿佛置身于那片沙漠之中，看到了摇曳的棕榈树。他的声音如此具有魔力，瞬间让现场活跃起来，听众被他深深吸引，随着他的喜怒哀乐而起伏。这就是康维尔的控制力，一个出色演讲家必备的天赋。

康维尔先生的演讲总是让人欲罢不能，即使在同一群人面前重复多次，也依然能吸引大批听众。我曾在他自己的教堂里听过这场演讲，原以为只是例行公事，但出乎我意料的是，教堂里座无虚席，每个人都沉浸在他的讲述中。值得一提的是，即使在自己的教堂，他的演讲也不是免费的，但听众依然络绎不绝，这足以证明他们对康维尔先生演讲的热爱与渴望。

那天晚上，他决定用最初的版本进行演讲，不做任何修改。随着他话语的流淌，听众们不时发出笑声，仿佛回到了多年前。为了让演讲更加生动和贴近现实，他也会时不时地举出最新的例子。

我近期有幸聆听了康维尔先生的第 5124 场演讲，这个数字简直让人惊叹！5124 场，简直是个天文数字！我原以为这场在偏远地方举行的演讲，听众寥寥无几，但当我抵达时，那座能容纳 830 人的教堂已经座无虚席，甚至还有人站着。很多人不远数英里赶来，这简直像是自发的集会，没有大肆宣传，但人们口口相传："你不去听康维尔博士的演讲吗？"

我记得那些听众，他们脸上洋溢的热情和专注让我印象深刻。他们的欢笑、掌声和惊叹声此起彼伏，仿佛在告诉我，他们不仅听得开心，还深受启发。在这个偏僻的教堂里取得这样的成功，足以让人自豪。我知道，每个听众都被激励了，他们下定决心要为自己和他人做出改变，而且我知道，其中一些人会真正行动起来。

康维尔先生真是个无私的人。尽管年事已高、身体抱恙，但他从不缩短演讲时间。他见人们听得入迷，受到鼓舞，便忘记了病痛，忽略了时间，一讲就是两小时！而且，每个人都希望他能继续讲下去。

他的演讲总是那么自然，那么引人入胜。他的话语亲切、幽默，还夹杂着一些率真的笑话，但听众们从未忘记他是一位极其认真的人。整个会场时而欢声笑语，时而鸦雀无声，大家都沉浸在他的演讲中，或认真严肃，或惊奇不已，或开怀大笑。

康维尔先生的演讲给无数人带来了启示，甚至改变了他们的人生轨迹。我听说，有个小伙子曾远道而来听康维尔先生的演讲。回家后，这个小伙子决心为乡村教育做出贡献。尽管当时他并没有足够的知识去教书，但他鼓起勇气申请了一个临时教师职位，并通过不懈努力，于几个月后被正式聘用。如今，这个小伙子已经成为一所大学的校长了。这就是康维尔先生演讲的魅力，它激励着人们勇敢追求梦想，实现自我价值。

不久前，一位女士找到康维尔先生，她曾是富贵名流的妻子，但她说丈夫的慷慨大方常使家庭陷入经济困境。她提到，他们曾以几百美元买下一个小农场，当时自嘲道："这里哪有什么宝藏！"然而，她在那片土地上意外发现了优质泉水。受到康维尔先生演讲的鼓舞，她检测了泉水，发现其纯净无比，于是开始装瓶销售，如今生意兴隆。她甚至将冬季的冰切割出售，这一切都归功于"钻石之地"的启示。

康维尔先生凭借这个演讲赚了数百万美元，但更令人震惊的是，他并没有将这些钱用于自己，而是直接用于帮助他人。他的演讲不只带来了金钱，更给予了人们希望和动力，这种帮助远超过金钱本身。

他始终致力于帮助那些精神不振的人，鼓励他们自我提升。

去年（1914年），当康维尔先生的演讲达到第5000场时，人们纷纷庆祝这一里程碑。他在费城的音乐学院举办了这场演讲，听众不仅挤满了校园，连街上也人山人海。这场演讲的收入超过9000美元。

在康维尔先生的家乡，他也受到了热烈的欢迎和极高的尊敬。不仅是他忠实的听众，就连负责庆祝活动的本地委员会和全国委员会都对他赞誉有加。全国委员会中甚至有九位州长，这足以证明康维尔先生的影响力。宾夕法尼亚州州长亲自到场，并赠予康维尔先生象征"自由州民权"的钥匙，这是对他辛勤工作和无私奉献的最高认可。

这位70多岁的老人，因他的善举和信念，赢得了"自由州民权"的赞誉。他作为成功人士的杰出代表，为人们的自由、进步、解放和发展做出了卓越贡献。

罗伯特·沙克尔顿

目录
CONTENTS

第一部分

CHAPTER 1
藏在平凡世界里的钻石矿　3
错失脚下钻石的波斯人　6
让数十亿美元"黑金"从手中溜走的傻农夫　11
坐拥白银却不自知的矿物学家　13
钻石就在你脚下　17

CHAPTER 2
追求财富是好人的责任　19
最诚实的有钱人　22
你没有权利当穷人　24
爱财不贪财　25

CHAPTER 3
自食其力比不劳而获更重要　27
不劳而获是一种诅咒　29
贫穷训练比大学教育更有价值　31

CHAPTER 4
投资人们需要的事物　35
你关心过自己的邻居吗　38
透过人性了解市场　42
生产自己家人也爱用的商品　46
女人发现的巨大商机　48

CHAPTER 5
伟大成就起于日常 53
一般人不会将身边的伟人视作伟人 55
小人物的大发明 58

CHAPTER 6
让世界因为你而更棒 59
以自己的城市为荣 61
成为一个发光者 64

第二部分

CHAPTER 7
过犹不及——不要越过"天使的百合" 71

不知满足的哈里发　73
百合盛开　74
不越过界限的幸福　76

CHAPTER 8
观察——成事者的秘密 79

继承人在哪里　81
占星家与猎人　82
星星选中的国王　85

CHAPTER 9

任何事都值得做好
——给年轻人的建议 89

APPENDIX 附录

附录1　演讲台上的50年——罗素·康维尔自述　97

附录2　罗素·康维尔的非凡人生　103

附录3　有钱人的致富秘籍　139

Part One
第一部分

神奇的
百年致富经典

时时、处处都有发家致富的机会，
每个人都有可能碰到这种机会。

CHAPTER

1

藏在平凡世界里的钻石矿

在自己的
田里或者花园里
好好转一转、找一找，
就不会沦落到
漂泊异乡、穷困潦倒
的境地。

许多年以前，我跟随一群英国旅行者来到美索不达米亚平原。抵达巴格达之后，我们雇请了一个上了年纪的阿拉伯人当向导。在这个向导带我们领略底格里斯河和幼发拉底河沿岸风光的过程中，我发现自己不知不觉经受了一番精神的洗礼。这个阿拉伯人尽职尽责。在他看来，如果自己有哪怕一丁点做得不到位，就对不起我们付的酬劳。一路上，他不停地讲故事，想给我们的旅途添些乐子。这些故事千奇百怪，有的发生在古代，有的发生在现代，有的是我们耳熟能详的，还有的是我们闻所未闻的。对于其中的大部分故事，我都毫不犹豫地按下删除键，将它们从我的记忆中清除，但唯独有一个故事，我始终无法忘却。

　　当时，我坐在骆驼上，任由向导拉着缰绳，沿着古老的河流向前走去。这个阿拉伯人的嘴巴一张一合，故事一个接一个地冒出来。我听得有些厌烦了，摆出一副不想继续听下去的表情。看到我这个样子，向导明显生气了。他一把拽下头上的土耳其帽，将它拿在手上，用力挥了挥，似乎在提醒我：嘿，别走神！我故意不看他，努力克制自己不要做出任何反应——我实在不想听故事了。可惜，我还是没忍住，瞥了他一眼，结果就因为这样，他以为自己得到了某种暗示，又说起一个故事来。

　　"接下来的故事，我一般只讲给特别的朋友听。"向导说。

　　"特别的朋友"，这几个字引起了我的兴趣，我认真地听了起来。事后，我庆幸自己这样做了。现在，我发自内心地感谢这个阿拉伯人，因为我经常在演讲时提到他讲的这个故事，1674个年轻人从中受到鼓舞，完成了学业。我想，这些年轻人应该也会为我当时听了这个故事而高兴。

◇ 错失脚下钻石的波斯人

老向导不紧不慢地讲着：

有一个名叫阿里·哈菲德的波斯人，他住在印度河附近。阿里·哈菲德是个富有的农场主，不仅拥有成片的果园、肥沃的田地，还有一座风光秀丽的花园，每年光是收利息，他就能赚不少钱。为此，阿里·哈菲德感到很满足。

一天，一个老僧人前来拜访阿里·哈菲德。这个老僧人来自东方，颇有名望。

坐在温暖的火炉旁，老僧人对着农场主娓娓而谈，讲起我们生活的这个世界是如何形成的。他是这样说的：起初，天地之间被一团团雾气笼罩着，其他的什么都没有。后来，佛祖出现了，他伸出一只手，慢慢地搅动雾气。随着手指转动速度加快，浓浓的雾气逐渐凝结成一个大火球。这个大火球一边自顾自地燃烧，一边在宇宙中穿梭。随着时间的推移，越来越多的雾气凝结在一起。瓢泼大雨从天而降，浇在大火球上，使得它原本炙热的外壳瞬间冷却了下来。与此同时，先前隐匿在外壳之下的火焰冲了出来，变成高山、峡谷、平原和草原。我们赖以生存的美好世界就这样形成了。火球内部的熔岩喷涌而出，不断地冒出地面。这些滚烫的熔岩遇冷后，一部分成了岩石，一部分成了白银，还有一部分成了黄金，而那些冷却速度最慢的，则成了钻石。

"钻石，其实就是阳光，它是阳光凝结而成的。"老僧人说道。没错，现代科学也证实了，钻石是来自太阳的碳元素的沉积。

"如果你拥有一块像拇指般大小的钻石，就可以买下一个国家。"老僧人接着对农场主说，"如果你能找到一座钻石矿，那么不但自己能够获得享用不尽的财富，你的子孙也可以因此获益，甚至能够坐上王位，拥有至高无上的权力。"

这是阿里·哈菲德第一次听说世界上有钻石这种稀有又昂贵的东西。听了老僧人的话，他对钻石念念不忘，就连睡觉的时候也在想着钻石。尽管他并没有失去任何东西，但是他觉得自己变穷了——他不再满足于现在的生活。"我想要一座钻石矿。"躺在床上，阿里·哈菲德喃喃自语。这一晚，他难以入睡。

第二天天刚亮，阿里·哈菲德就迫不及待地找到老僧人，问他："要去哪里才能找到钻石？"按常理来说，如果有谁一大早就被吵醒是会生气的，可是这位农场主着急得顾不上礼仪了。

"钻石！你要钻石做什么？"

"噢，我想成为巨富。"

"那好吧，你去找吧！只要你去找，就一定能找到。"

"可是，我不知道该去哪里找。"

"很简单，如果你能够在高山之间找到一条满是白沙的河流，就能找到钻石。"

"有这样的河？我不信。"

"有，而且很多。你要做的，就是去寻找。"

"我去找！我一定会找到钻石！"

阿里·哈菲德说做就做，他卖掉农场，把家人托付给邻居，带着一笔钱踏上了寻找钻石的旅程。他的第一个落脚点是位于非洲的"月亮山"[①]，之后去了巴勒斯坦，接着到了欧洲。一路上，他花光了钱财，衣服也变得破破烂烂，既痛苦又疲惫。当最后站在西班牙巴塞罗那的海边，看着不断朝岸上奔涌而来的海浪时，这位历经坎坷、精疲力竭的追梦人心里的最后一丝希望之火熄灭了，他纵身一跃，被翻腾的海浪卷入大海，再也没有出现。

这是一个悲伤的故事。老向导讲完之后，拉住我骑着的那匹骆驼，让它停下来，然后转身去整理另外一匹骆驼身上的行李。趁着这个空当，我又仔细地回想了一遍这个故事。哪有一个故事的主人公在开头就死了的？我还是第一次听到这样无厘头的故事——既没有开头，又没有结尾，就连中间的过程也显得十分潦草。想着想着，我不免产生了一个疑问："为什么他只把这个故事讲给'特别的朋友'听呢？"

就在这时，老向导回到我身边，再次牵起我那匹骆驼的缰绳，继续用不紧不慢的语气讲起故事来，一切自然得就像刚才并没有休息。

一天，那个买下阿里·哈菲德农场的人牵着骆驼来到了花园里。这个人将骆驼带到小溪边，打算让骆驼喝点水。当骆驼弯下脖子，将头伸到水里时，主人的眼睛瞬间亮了起来，他发现

[①] 指位于乌干达首都坎帕拉以西的鲁文佐里山。——本书脚注均为译注。

一道如彩虹般夺目的光芒从水里的白沙中透了出来！

这个人好奇地拨开沙子，挖出一块黑色的石头。这块石头上有个光点，原来是它反射的光。这个人将黑石头拿进屋，随手放在壁炉上，并没有把它当回事。

过了一段时间，曾经拜访过阿里·哈菲德的老僧人又来到农场，农场的新主人接待了他。

老僧人走进屋子时，一眼就看到了壁炉上闪闪发光的黑石头，他冲上前去，激动地叫喊："这是钻石！是不是阿里·哈菲德回来了？"

"没有，他没有回来。这也不是钻石，只不过是一块普普通通的黑石头，它是我在花园里捡到的。"新主人回答。

"这就是钻石！"老僧人非常肯定，"我一眼就能识别出来！"

新主人和老僧人一起兴奋地向花园里跑去。到了小溪边，他们从水里捞起一把白沙，果然一颗更耀眼、更漂亮的钻石出现在他们的眼前！紧接着，他们挖出了更多更有价值的钻石。

我的朋友，我讲的这些事都是真的。人类历史上最大的钻石矿——印度戈尔康达钻石矿，就是这样被发现的。英国国王皇冠上的库伊努尔大钻石、俄国国王皇冠上的世界第一大钻石奥尔洛夫（俄国女皇叶卡捷琳娜大帝的帝国权杖上的奥尔洛夫钻石），都采自这座钻石矿，其价值远远超过了南非的钻石重镇金百利。

讲到这里，老向导摘下头上的土耳其帽，举着它绕着头顶挥了几圈，他应该是想提醒我记住故事里的教训。

"如果阿里·哈菲德不出门，留在家里，在自己的田里或者花园里好好转一转、找一找，就不会沦落到漂泊异乡、穷困潦倒的境地，最后也不至于投海而亡。人们后来在那座农场里找到了数不尽的钻石，甚至可以说那里遍地是钻石。如果国王们想装点自己的王冠，这些钻石就是最好的选择。然而，这些钻石本该属于他的！"

听了这番话，我终于明白老向导为什么把这个故事作为保留节目，只讲给"特别的朋友"听了。这个老阿拉伯人有一套自己的处世原则，若有些话不好直说，就用一种委婉的方式表达出来——这有点像律师的作风。我知道，他是想告诉我：年轻人，你何必千里迢迢地跑到这里来呢？待在美国的老家多好啊！

不过在当时，我并没有立即表明自己领悟了他的意图，而是对他说起了我知道的一个故事。

时间回到1847年。在美国的加利福尼亚州，有一个农场主无意中听说南部有金矿。怀着对黄金的渴望，他卖掉农场，一去不回。

买主是萨特上校，他接手农场后，和家人住了下来，还在小溪边盖了一座磨坊。一天，萨特上校的小女儿跑到溪边玩耍，她从水里抓起一把沙子，然后带回了屋。

女孩小心翼翼地将沙子铺在壁炉前，等它们被烘干后又抓了起来。她慢慢地松开手指，饶有趣味地看着干沙子从指缝间像瀑布一样落下。恰逢一个客人站在旁边，他发现有些沙子闪着光。经过化验，这些沙子中含有黄金，而且品质极佳。这就是加利福尼亚州最早发现的顶级黄金。

农场的前主人大概做梦都想不到，自己苦苦寻求的黄金竟然就在眼皮底下，他只需要随手一挖，就能够轻松地获得巨额财富。要知道，在这个农场，仅仅从几亩地里挖出来的黄金，其价值就高达3800万美元！

8年前，我去一个离这座农场不远的城市演讲。在演讲现场，我提到了这个故事。那时，一个当地人告诉我，尽管农场主现在只拥有农场三成的股份，但他这几年真可谓躺着赚钱，哪怕在睡觉都能获得黄金，相当于每15分钟就能赚120美元。

◇ 让数十亿美元"黑金"从手中溜走的傻农夫

我还知道另一个故事，发生在宾夕法尼亚州，也就是我生活的地方。

有一个农夫，他们家世世代代居住在宾夕法尼亚州。这个农夫打算把自己的农场卖掉，去外地谋生（不得不说，如果我和他一样在那里有一座农场，也会做出同样的选择）。不过，在卖掉农场前，农夫决定先找一份工作。裸辞是世界上最傻的事情。很显然，这个农夫明白这一点，如果没找到新工作，他绝不会随随便便地离开农场。

加拿大是北美最先开采出石油的地方，农夫的表哥在那里做石油生意。农夫给表哥写了一封信，他在信里表示，希望表哥能允许自己去帮忙收售石油。不久，他收到了表哥的回信："我没法答应你，因为你对石油生意一无所知。"

"说我不懂石油？那我就弄个明明白白！"农夫从来没有像现在这样对知识产生如此强烈的渴望，他从头开始认认真真地学习起来。过了一段时间，对于石油的形态、气味、味道以及冶炼方法，他都了如指掌。于是农夫又给表哥去了一封信，告诉表哥自己现在十分了解石油，并再次表达想做石油营生的想法。这一次表哥答应了。就这样，农夫卖掉农场，投奔表哥去了。据当地交易记录档案记载，农场的出手价是833美元。

由于农场的小溪里总是漂着一些浮渣，看起来肮脏又可怕，新主人开始想办法解决水源问题，否则养的那些牛就没有干净的水喝。然而他发现，自己并不需要做什么，因为农夫早就处理好了——几年前，他在小溪流经谷仓的位置架了一块木板。木板深入水下几英寸，正好将水里的浮渣都拦到了一边。只要将喝水的位置安排在木板后面，牛就不会喝到那些脏东西。

你知道水里的那些浮渣是什么吗？煤油！也就是我们常说的"黑金"。那个跑到加拿大谋发展的人花了23年，在自己家附近的溪里筑了一道堤，将送上门的煤油拒之门外。

农夫离开家乡10年后，宾夕法尼亚州的地质学家宣称，当地矿藏的煤油资源价值超过1亿美元。4年前，地质学家再度发表声明，称这里矿藏的煤油资源价值达数十亿美元！

现在，这个农场所在地名为泰特斯维尔市（Titusville），农场的拥有者和在欢乐谷（Pleasantville）有土地的人，应该都对石油十分了解。而那位农夫——农场的前主人，自诩把石油研究透了，却把蕴藏丰富且珍贵的黑金的农场以区区833美元卖给他人。我简直无话可说！

◆ 坐拥白银却不自知的矿物学家

在马萨诸塞州也发生了类似的事情。

查理是耶鲁大学的学生，学习矿物和采矿。他成绩优异，就像一个颇具经验的采矿工程师一样，能把所有专业知识都讲得头头是道。鉴于此，学校给他安排了一个工作，负责指导那些学习略显吃力的同学，并且给他发放薪水。

查理读大四时，他的周薪是15美元。当他毕业的时候，学校希望他留校担任教授，并将薪水调至每周45美元。面对学校的好意，查理并没有欣然接受，他无法拿定主意，就跑回家去征求母亲的意见。

查理和母亲商量完的结果是，他们搬去了威斯康星州。查理进了一家高级铜矿公司，底薪是每周15美元，但如果他为公司发现了矿脉，就可以获得可观的分红。

若让我来还原这对母子商量的过程，大概是这样的：

"周薪45美元也太少了！我这么优秀，肯定能找到更好的工作。老妈，您信不信，我一定会找到金矿和银矿，到那时我们就有钱了！"

"儿子，有钱当然很好，但是快乐的生活也不错啊！"

"话是这么说，但如果可以既有钱又快乐，谁会拒绝呢？"

查理和妈妈相依为命，妈妈心疼儿子，最终肯定会被儿子说服。

我想，如果当时学校将查理的工资调为每周15.6美元，可能结果就完全不一样了。查理也许会选择留下来，并且感到很满足。

如果我是那家铜矿的股东，毫无疑问，肯定是希望查理能够实现他的雄心壮志。但现实是，我认为查理和股东们的希望落空了。并不是我故意泼冷水，而是因为我有些朋友买过那家公司的股票。至于查理后来怎么样，我无从得知，这个年轻人就这样泯然于世，杳无音信。

不过，故事并没有结束。

查理和母亲将位于马萨诸塞州的房子和农场卖给了一位老农夫。一天，老农夫去地里挖土豆时（插播一下，他买下农场时，这些土豆已经从地里长出来了），有了一个令他无比开心的重大发现。

要知道，在马萨诸塞州，几乎所有农场周围都会围一圈石墙，而且石墙的出入口一般很窄，因为出入口不能有太多地方被占，所以得留出一些地方堆放石头。

当老农夫提着装满土豆的篮子走过门口时，篮子被卡住了，于是他把篮子放在地上，用一只手拖着往前走。就在这时，老农夫的眼睛里闪过了一道银光，他注意到门边的石头上竟然有一块8英寸（约20厘米）见方的纯天然白银。

查理对矿物和采矿如此了解，甚至因为专业成绩过于优秀而对周薪45美元的工作不屑一顾，可他万万没想到，自己在院子里和买家讨价还价时，身下坐着的那块石头上就有白银！他在这里出生，在这里长大，可能用衣袖把那块石头擦过无数次，直到石头亮得能够映出人脸来。更讽刺的是，他差点当上了矿物学教授！当石头无数次呼喊"看我看我，这里有价值几十万美元的白银"时，查理仿佛耳聋眼瞎了。

查理的老家在马萨诸塞州的纽伯里波特（Newburyport），如今那里已经没有白银了，因为都被开采光了。哪里还有白银？我不知道，查理也不知道——亏他还是学矿物学的！但可以肯定的是，白银就藏在世界的某个地方。

查理现在情况怎样？我猜，当他今天晚上和一群朋友围坐在壁炉前闲聊时，可能会发生以下对话：

"你们中间有谁认识康维尔吗？就是那个费城人。"查理看向朋友们。

"我听别人提过这个名字。"其中一个朋友回答。

"那琼斯呢？也是费城人。"查理又问。

"我知道这个人！"另一个朋友说。

查理笑了起来，身体不停地抖动："你们知道吗？这些人和我一样，把明明到手的财富给弄丢了！我们都犯了一样的错误！"

事实上，类似的事情有很多，许多人都会犯与查理相同的错误，我也不例外。我们不应该嘲笑查理。就拿我来说，就算我知道很多道理，也不可能做到完全不犯错。在这个世界上，能够始终如一完美地践行"知行合一"的人并不多见。

同一个错误，有的人有可能犯一次、两次，甚至很多次。鉴于这一点，我希望有更多的年轻人来听我演讲。个中原因很简单，年轻人经验尚浅，经历的挫折不够多，还没有形成固定的价值观，也不容易对人、事、物抱有偏见，所以我的演讲对他们产生的影响力应该大过对那些更成熟、经验更丰富的成年人。

话说回来，不论你多大年龄，我都会将我知道的事情真诚地与你分享。现在，我要告诉你并请你记住的是，你生活的地方（比如费城），遍地是钻石。

◇ 钻石就在你脚下

也许你会反驳我，说："遍地是钻石？怎么可能？看来你并不了解这个地方。"

我曾经在报纸上看到一篇报道，里面提到，一个年轻人在北卡罗来纳州发现了钻石。那颗钻石是目前世界上发现的质地最纯净的钻石之一。而且就在那个年轻人发现钻石的地点附近，有好几个老早以前就被人发现的钻石矿。

那篇报道引起了我的兴趣。我找到一位在业内很权威的矿物学教授，向他询问："这些钻石是从哪里来的呢？"教授拿出一张美洲大陆的地质构造图，追踪钻石的起源。他告诉我，石炭纪地层为钻石的形成创造了有利条件，而北卡罗来纳州钻石的来路有两种可能：石炭纪地层产生的钻石随着地壳变动向西转移，穿过俄亥俄州和密西西比州到达此处；更有可能发生的是，那些钻石向东转移，穿过弗吉尼亚州之后，沿着大西洋海岸一路直上来到这里。教授判断得没错，他提到的这些地方真的有钻石，人们将它们开采出来并出售。其中有些钻石是在地壳漂移期间从北方某地被冲刷到这里来的。

如此一来，如果有人受过专业的训练，也有可能在费城发现钻石矿的痕迹。难道不是吗？

我的朋友，你可不能说自己与世界上最伟大的钻石矿无缘，你眼前的这颗钻石，就产自目前世界上最大、最值钱的钻石矿。

> **致富秘诀**
>
> 不要说自己与世界上最伟大的钻石矿无缘——遍地是钻石,每个人都伸手可及。

我举这个例子,是想阐明一个观点:尽管你无法拥有一座实实在在的钻石矿,但是你有比钻石矿更有益的东西。在最近一次的欢迎典礼上,英国女王没有佩戴任何珠宝——钻石毫无用武之地,她以如此装扮出现在这样的场合,无疑是对美国女性穿衣风格的极大肯定和赞扬。你可以收藏几颗钻石,以备在需要的场合佩戴它们,让自己看起来更端庄一些,其余的大可以卖掉。

再说一遍,你生活的地方(费城),时时、处处都有发家致富的机会,每个人都有可能碰到这种机会。

我无意向你们灌输一些教条式的大道理,只不过是想将一些我信奉的真理与你们分享。这么多年来,要说我的人生经历中有什么是有价值的,那就是"遍地是钻石"的信念。

CHAPTER

2

追求财富
是好人的责任

如果一个好人
正好也是一个有钱人,
那么金钱在其手中
就会发挥有益的作用,
成就许多美事。

纵观整个世界的历史，很难找到这样的案例：一个身无分文的穷人在毫无背景和资金支持的情况下迅速致富。但现在的环境和过去大不相同，致富的机会就在我们身边。这是我最真实的想法，我也希望你能这么认为。

我接下来要说的，都是我相信的事实和观念。如果有人因为听进了我的话而变得富有，那么我就没有白说。

我想说的是，每个人都应该变得富有，致富是一种责任。

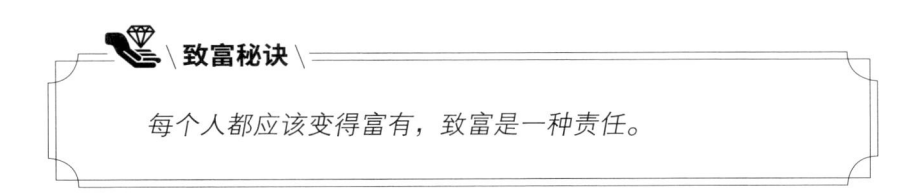

> **致富秘诀**
>
> 每个人都应该变得富有，致富是一种责任。

听到这话，一些虔诚的人会质疑我："身为一个牧师，你把时间都用在演讲、怂恿年轻人赚钱上，这样合适吗？"

"再合适不过了！"这是我的回答。

"真不像话！你与其花时间鼓动别人赚钱，还不如多传扬一下福音！"

"劝人正正当当地赚钱就是在传扬福音啊！"

没错。在这个社会上，有钱人或许是最正直、最诚实的人。

◇ 最诚实的有钱人

可能有些年轻人会说："我听说，人一旦有了钱，就会变得不诚实，甚至变得既卑鄙又无耻。"

这种看法简直大错特错。在我看来，一个人之所以没钱，就是因为怀有这样的偏见。

我可以简单地说明一下，在美国的有钱人中，98%都是诚实且正直的。他们因为这一特质而变得富有，同时又因为富有而更容易获得他人的信任，进而得以招揽人才、创办企业，成功地经营起一份事业。

还有的年轻人会说："听说那些赚了上百万的人，都是使用了一些欺骗人的手段。"

没错，这种事情你听说过，我也听说过。然而事实上，这样的人少之又少，一旦出现一个，各个新闻媒体就会大肆报道，宣传得沸沸扬扬，以至于让人误以为所有有钱人都是靠欺骗的手段攫取财富的。

我的朋友，如果你有车，愿意和我一起驱车去郊区，你会看到这城市的一些有钱人，他们有自己的房子，拥有美丽的大花园和奢华的艺术装饰品。而且我向你保证，你也会发现他们具备良好的修养。只有拥有了属于自己的家，才能成为一个"真正"的人，正直、诚实、纯真、节俭、谨慎等品质才会慢慢显现出来。

> **致富秘诀**
>
> 只有拥有了属于自己的家,才能成为一个"真正"的人,正直、诚实、纯真、节俭、谨慎等品质才会慢慢显现出来。

一个人有钱,或者说有很多的钱,并不是一件坏事。我们常常向人们宣传"不要贪婪"的思想,并使用诸如"不义之财"这类极端的词语来让大众相信,有钱人都是邪恶的。然而募捐时,如果看到有人给的少了点,我们又会骂几句。这是多么矛盾的态度啊!

金钱就是力量。对于金钱,我们应该抱有恰当的渴望,因为有钱才能做更多的好事,若是没钱,则可能寸步难行。你想想,如果没钱,谁愿意干活呢?

如果我的教会要给我加薪,我求之不得。往往薪资标准高的教会更容易给牧师加薪。

丰厚的薪水可以激发一个人的潜能,使之把事情做到尽善尽美——只要这个人心存正念,就一定会把钱都用在正道上。

所以我说,每个人都应该有钱。通过正当的途径致富,是一个人的本分。有些人认为,贫穷才能彰显一个人对信仰的虔诚,这种想法荒唐得可怕。

有些人问我:"难道你不同情穷人吗?"我当然同情,否则这些年来我就不会到处演讲了。然而,我虽然同情穷人,但是仍坚持上述观点。

我们应该帮助那些更值得帮助的人。请记住，人都是因为自己的缺点或他人的缺点而变穷的。不管怎么说，贫穷不是一件好事。不过关于这一点，我们就先不展开说了。

◇ 你没有权利当穷人

有一位绅士说："有些东西比金钱更可贵，难道你不这么认为吗？"我不否认，这世界上除了金钱，还有其他更美好、更纯洁、更高尚的东西。比如说爱，爱的价值超越一切，若是有一位多金的爱人，那真是无比幸运了。但是，我现在谈论的主题是金钱。金钱就是力量。钱可以用来做好事，也可以用来做坏事。如果一个好人正好也是一个有钱人，那么金钱在其手中就会发挥有益的作用，成就许多美事。

我不喜欢对金钱避而不谈。在一次祷告会上，我看见一个男人站起来，以"上帝的贫穷子民"的身份感谢上帝。当时我想，若是他的妻子听到他这样说，该作何感想？妻子每天辛辛苦苦地挣钱，以维持家庭的开销，这个丈夫却跷着二郎腿坐在阳台上，悠闲自在地抽烟，而且他抽的烟还是用妻子挣来的钱买的。

我不希望再看见这种"上帝的贫穷子民"，我相信上帝也不乐于见到。可是，有些人偏偏要将虔诚与穷困潦倒扯上关系，认为如果不穷得叮当响、穿得一身脏，就不是上帝的好子民。这真是毫无道理可言。我们应该对穷人心怀怜悯，但不能宣扬这样的信条。

💎 爱财不贪财

这个时代对一个追求财富的人抱有偏见。这种偏见不但十分普遍，而且由来已久。

没错，"贪恋金钱是万恶之源"。如果一个人一心想成为暴发户，或采取某种不正当的手段发家致富，无疑会落入金钱的陷阱。"贪恋金钱"，什么意思呢？就是金钱崇拜。对于这种行为，我们不提倡，稍有些常识的人也不会赞同。崇拜金钱的人，不会思考应该用金钱来做些什么，而是会把钱堆在地下室，或是藏在袜子里；那些拒绝把钱投到正当事情中的守财奴、紧紧抱着钱直到老鹰都发出尖叫[①]的人，身上才存在万恶之源。

年轻的朋友们，要懂得享受生活，别到了我这个年纪才明白这一点。

我一直有个目标——赚够100万。然而，即便我真的实现了这个目标，或者实现了一半的目标，我想这些钱给我带来的好处，也远远不敌我从演讲中得到的收获。

这些年来，我因为四处演讲而获益颇丰。或许我不该这样说，显得有些自负，不过我都到这个年纪了，说这些话也无妨——你们应该会原谅我的。我希望能帮助自己的同胞，我也在努力这样做——每个人都应该这样做，并从中得到乐趣。

---

① 老鹰是美国钱币上常见的形象。此处是夸张的表达，表示紧紧抱着钱，仿佛钱上的老鹰图案都"尖叫"了。

假如一个人偷了 1 美元,当他回家后,想到自己抢走了别人靠诚实的劳动获得的报酬,会无法安然入睡。第二天,他疲惫不堪地起床,良心不安地去上班。在这种情况下,哪怕他的存款达到了上百万美元,他也不能算是一个成功者。

一个乐善好施的人,不但要求自己获得权利,也给予别人权利,这种认真对待生活的态度有助于开辟一条康庄大道,创造更多的财富。不少百万富翁的经历都是如此。

CHAPTER

3

自食其力
比不劳而获
更重要

相比不劳而获的
财富，
你更需要的是
自食其力。

有个年轻人说，他没有生意头脑，做什么都赚不到钱。

"为什么你做不好生意呢？"

"因为缺少资金。"

噢，这个懦弱的纨绔子弟，目光短浅得很！他站在角落里，嘴里念念有词："要是我有足够的本钱，肯定能发达！"他不知道的是，这副模样只会给人留下软弱无能的印象。

"年轻人，你是不是以为，只要有足够的资金就能变得富有？"我问他。

"那当然。"

"你错了，并不是这样的。"我告诉他，如果他的母亲很有钱，愿意为他提供一笔创业金，这对他来说反而是一种诅咒。

◇ 不劳而获是一种诅咒

如果一个年轻人得到的金钱超出了其凭实际能力可以获得的数量，他就像是中了某种诅咒。对年轻人而言，继承一笔巨额财富并没有多大的益处。父母与其给孩子留下可观的财产，还不如对孩子的教育多加重视，培养孩子崇高的品质、交友的能力，给他们留下一个好名声，这些都比给孩子留笔钱要好得多。

不劳而获不是一种帮助，而是一种诅咒，它对年轻人、对整个国家都只会带来坏的影响。

我年轻的朋友们，如果你有财产可继承，千万不要天真地以为这是上天赐予你的礼物。因为一旦你得到了这笔钱，很可能就此陷入了某种诅咒，使你失去人生中本该获得的某些美好体验。在这个世界上，最令人同情的一种人就是毫无生活经验的富家子弟！那些可怜的有钱人的子女，他们永远都不知道生命中最美好的东西是什么。

> **致富秘诀**
>
> 不劳而获不是一种帮助，而是一种诅咒，它对年轻人、对整个国家都只会带来坏的影响。

那在我们的生命中，什么是最美好的？我可以举一个例子。

当一个小伙子自食其力，和某个可爱的姑娘订婚，决心建立自己的家庭的时候，他就迎来了人生中最美好的时刻。伴随着爱，他的心中会油然而生一种神圣的使命感，以及对更加美好的事物的希冀。于是这个年轻人开始存钱，并改掉了一些坏习惯。当他攒了一些钱之后，就可以在郊区买一栋房子。或许他会去银行取出一部分存款，然后去找他的未婚妻。当他第一次领着自己的新娘跨进自家大门时，可以用无比自豪的语气说："亲爱的，这就是我们的家！这个家，包括里面所有的东西都是我靠自己的努力挣来的！"毫无疑问，这一刻对于一个人的意义是非比寻常的！

可惜啊，富家子弟就不会有这样的体验了。当一个有钱人的儿子带着自己的新娘在一座漂亮的豪宅里逛了一圈后，他只能说："这是我妈买的，那是我妈买的，那也是我妈给我的……"如此一来，那位新娘可能觉得自己更像是嫁给了婆婆。这样的富家子弟未免也太可怜了。

马萨诸塞州的统计数字表明，富二代在临终之时依然富有的不足十七分之一。我可怜这些富二代，除非他们像老范德比尔特[①]那样明智，不过这种情况时有发生。

范德比尔特曾经问了父亲一个问题："爸爸，你的钱都是自己挣来的吗？"

"是啊，我的儿子。起初，我在渡船上工作，每天的工资是25美分。"

"那好，爸爸，从现在开始，我也不要你的钱，一分都不要。"

那个周六的晚上，范德比尔特就去渡船上找活干。最后，尽管他没有如愿在渡船上找到合适的工作，却另外觅得一份周薪3美元的差事。

◆ 贫穷训练比大学教育更有价值

诚然，如果一个富二代愿意自食其力，接受贫穷训练，这比上一

[①] 范德比尔特家族是美国最富有的家族之一。

所好大学更有价值。这样成长起来的富二代，会有足够的能力接手父辈的财产并打理妥当。然而现实的情况是，有钱人往往不会让自己的子女接受这样的训练——他们认为，让自己的子女去做一份普通的工作太掉价了！尤其是富太太们，在她们心里，自己的宝贝儿子既虚弱又可怜，双手白白嫩嫩且毫无缚鸡之力，怎么能做那些体力活呢？！对于这样的富二代，我毫无半点同情之心。

记得有一次，在费城有一个规模盛大的宴会。在这次宴会上，坐在我旁边的是一个好心肠的年轻人。

席间，那个年轻人对我说：" 康维尔先生，您病了两三年，身体欠佳，等宴会结束时，就坐我的豪华轿车回家吧。我的司机会把您送到家门口。"

我对那个年轻人心存感激，或许在这里提起这件事不太妥当，但是我想遵从事实——

当时我坐上了那个年轻人的车，在车子行驶时，我问司机："这辆豪车多少钱啊？"

司机告诉我："6800 美元，还得另付购车税。"

我又问："这辆车的主人亲自开过车吗？"

我的这个问题出乎司机的意料，他感到既惊讶又好笑。他笑得太厉害，差点连方向盘都控制不住。车子被开到了人行道上，随后绕过拐角处的路灯，又来到了大街上。当车子又顺利地行驶在街上时，司机还没有停止大笑，整辆车都跟着他颤抖起来了。

"大少爷怎么可能亲自开车！当我们在门口迎接时，他能够按时出来就算是万幸了！"

我还要讲另外一个富二代的故事，他是我在尼亚加拉大瀑布[①]那里遇到的。

当时我结束了一场演讲，回到旅馆后，我向前台走去，看到一个大富豪的儿子站在那里，他是从纽约来的。这个年轻人的尊容实在让人不敢恭维：一顶无檐便帽歪歪斜斜地挂在头上，帽子的顶部缀着金色的流苏；胳膊下夹着一根金头手杖，依我看，那根手杖顶端的东西比其主人脑袋里的东西还要多；脸上戴着一副不透明的眼镜；脚上穿着一双一看就不好走路的漆皮靴子，两条腿则被某名牌裤子绑得紧紧的，我想他连坐下来都很困难——不得不说，这身打扮让他看起来像只蚱蜢。

就在我走向前台的同时，"这只蚱蜢"也来到了前台。只见他用手推了推那副根本看不清任何东西的眼镜，嘴里含混不清地说着："喂，给我一西（些）子（纸）和信奉（信封）！"

前台服务员抬了抬眼皮，飞快地打量了一下这个年轻人，从台下的抽屉里取出信封和纸，一下扔在台面上，然后转过头去整理手里的账簿。你们真应该看一看那个富家子弟看到信封和纸被丢到台面上时的样子。他简直就像一只炸了毛的火鸡，

---

① 位于美国和加拿大交界处的尼亚加拉河上，是北美大陆的奇景之一。

一边用手推了推那副没什么作用的眼镜,一边大叫着说:"喂,你给我回来!给我安排一个捕(仆)人,把子(纸)和信奉(信封)拿到那边的桌子上去!"

真是个浑蛋,既卑鄙又可怜!那张桌子不过20英尺远,他竟然都不能自己把纸和信封拿过去。恐怕他连把手臂放下来这个动作都做不好。人性扭曲至如此变态的地步,完全不值得同情。

年轻的朋友,如果你没有资产,我反倒为你高兴,因为相比不劳而获的财富,你更需要的是自食其力。

CHAPTER

4

投资人们
需要的事物

如果一个人知道
自己的家人喜欢什么，
那么也就知道
别人喜欢什么。

每当我到一个地方演讲，几乎现场的观众都会问我一个相同的问题——这里有发家致富的机会吗？

对此，我的回答是：要想找到钱，其实很容易，不必费太大功夫；而且一旦你发现了钱，它就属于你，是你的私有财产。

在费城演讲时，一位老先生问我："康维尔先生，你在这里生活了31年了。在这个地方，曾经做什么都会发财，可是如今没有这等好事了，你难道不清楚这一点吗？"

"我不认可您的说法。"

"可事实就是如此，和我说的一样，我以我的亲身经历作证。"

"那您做的什么工作？"

"我是做生意的，在这里开了整整20年的商店。可是这些年里，我赚的钱不超过1000美元。"

"如果一个人想了解自身的价值，可以根据他得到的报酬来判断，而这个报酬也体现了他做出的贡献。如果如您所说，这些年来您在费城赚到的钱不足1000美元，那么依我所见，早在19年又9个月之前，您就应该离开费城。按您说的，在费城开了20年的店，那么至少应该赚到50万美元，哪怕只是一个不起眼的街角的小杂货店。"

"如今在费城，一家店想赚到5000美元都很困难。"老先生坚持他的观点。

◆ 你关心过自己的邻居吗

如果你打算在一个城市开一家商店，那么你应该在选好的店铺地址周围仔细转一转，看看附近的人们都需要什么，进而你就知道自己应该准备哪些商品，将这些记录下来并算一算成本和利润。如果你真的这样做了，等到你真的开业了，钱就自然而然地来了。你只需要记住一句话，财富就在身边。

> **致富秘诀**
>
> 看看附近的人们都需要什么，进而你就知道自己应该准备哪些商品，将这些记录下来并算一算成本和利润。

或许有人认为我的说法不可靠，"你不过是个牧师，怎么懂生意之道呢？"

在这里，我必须自证一下清白，尽管我并不喜欢这样做——有自我吹捧的嫌疑，但是为了获取你们的信任，我不得不通过一些亲身经历，来证明我对做生意是颇有心得的。

我的父亲曾经也是个体户，他在乡下开了家小店。要问什么地方最锻炼人，可以让人在各种交易往来中得到丰富且宝贵的经验，答案肯定就是像我父亲这种开在乡下的小店。那时候，如果我父亲偶尔需要外出，就会让我留下来守着店。令我感到万幸的是，这种情况并不多见，只不过出现了几次罢了。

有一次，店里来了一个人，他问我："这里有瑞士刀吗？"

"没有，没有瑞士刀。"我回答他，然后吹起了口哨。我一点也不在乎他会不会买点什么东西。

后来，一个农民走进店里。"你们卖不卖瑞士刀？"他问。

"不卖，我们没有瑞士刀。"我依然吹着口哨，只是又换了一种调调。

没多久，进来第三个人问我："有没有瑞士刀？"

"没有！怎么你们进来买东西都问有没有瑞士刀？这里又不是瑞士刀专营店。"

如果你也有一家店，会像我这样对待顾客吗？当时的我并不懂得，信仰的根基和事业成功的基本原则是一样的。

"事业就是事业，不能和宗教信仰混为一谈。"说出这种话的，极有可能是以下三种人之一：一是脑袋不灵光；二是生意做不下去了，濒临破产；三是道德败坏，喜欢小偷小摸。如果我当初用对宗教信仰无比虔诚一般的态度来帮助我父亲经营那家店，在第三个想买瑞士刀的人进来之前，我就应该进货了。这样一来，我既履行了自己的责任，又会得到相应的报酬。

一些虔诚的宗教信仰者认为，把东西以高价卖给他人是不道义的，这样赚来的钱是不义之财。但我认为，做亏本买卖无异于犯罪。

> **致富秘诀**
>
> 做亏本买卖无异于犯罪。

有几种人是不值得信任的：不好好保管自己财物的人；出轨的人；不真诚待人的人、不好好拼事业的人。

以我上面说的那件事为例，既然我答应帮父亲看店，那么在第一个询问有没有瑞士刀出售的人走后，我就应该及时进货，然后把瑞士刀卖给第二个、第三个进店来想买它的人，这就是我的责任。我不能以低于成本的价格将商品卖出去，也不能故意抬高售价，而是应该以合理的价格销售商品，从中获取应得的利润。让自己获利，同时也给别人提供帮助，这是一个基本的生活常识。

> **致富秘诀**
>
> 让自己获利，同时也给别人提供帮助，这是一个基本的生活常识。

那位说开店不赚钱的费城老先生，其经营方式是有问题的。假设我走进他的店，问他："喂，老兄，门牌号1240的那一户，你认识吗？就是和我们隔一条街的那个。"他肯定会回答："认识啊，他家的店就在转角那里。"

"他是哪里人？"

"不知道。"

"他家里都有谁？"

"不知道。"

"这次选举，他给谁投票了？"

"不知道。"

"他平常都去哪个教会？"

"不知道。这都是他的事，和我没什么关系。你问这些做什么？"

如果你是一个小店主，会这样回答我吗？如果你和这位费城老先生一样，不知道也不在乎邻居是从哪里搬来的，那么你的小店多半也生意惨淡。这样的态度是做不好生意的！如果你对邻居们很感兴趣，并且足够了解他们，那么你的小店绝对能够赚到钱，你也早就成富翁了。当你到世界各地都走了一遭，感叹找不到发财的机会时，殊不知，机会就在你家门口！

斯图尔特是个穷小子，来自纽约。揣着1.5美元，他就出门闯荡了。他以仅有的1.5美元为启动资金，开始了第一次创业，结果失败了，还损失了一半的钱——他买了一些针线和纽扣拿到市场上售卖，结果无人问津，货都砸手里了。

不过，这个男孩是幸运的。经过这一次失败，他说："我再也不会拿事业当赌注了！"

斯图尔特说到做到，第二次创业前，他走遍了大街小巷，挨家挨户地询问别人需要什么东西。等到把住在附近的人的需求都调查清楚之后，他才用剩下的钱买了一些货品供给周围的人们。成功的秘诀是什么？那就是无论做什么选择——不管是事业、职业还是家务，都应该事先做足功课。

"先了解人们的需求，再投资。"后来，斯图尔特一直将这句话作为自己的生意之道，并因此积累了将近4000万美元的资产，后来还成了沃纳梅克先生最早在纽约开的那家商场的所有人。虽然他一开始损失了资金，但是最终获得了财富，这样的经历给他上了人生一课，使他明白了一个宝贵的经营道理——唯有人们需要的，才是值得投资的。

◇ 透过人性了解市场

是否了解人性及其变化，是取得成功的关键因素。不管是销售员还是生产厂家，都必须明白这一点。去了解人们的需求并提供相应的商品，这是做生意的基本原则。

> **致富秘诀**
>
> 去了解人们的需求并提供相应的商品,这是做生意的基本原则。

关于这一点,约翰·雅各布·阿斯特[①]的故事是最好的证明。我们都知道,他在纽约帮阿斯特家族做事时,为他们赚了不少钱。他曾经一穷二白,在坐船渡海时,连船费都是找别人借的。然而,就凭着一个原则,他赚得盆满钵满,成功地从一个穷小子逆袭成为大富豪。

可能有人会说:"那是在纽约,他要是来费城,肯定赚不到这么多钱!"

你们读过里斯[②]那本有名的书吗?那本书里是1889年对纽约107个富豪进行采访后所作的报告。如果你读过这个采访报告就会发现,这107个富豪中,只有7个人是在纽约赚到第一桶金的;这些富豪坐拥价值上千万的房产,而其中有67个人,他们的财富是在人口不足3500人的小镇上赚来的。如果你对如今美国的房地产市场有所了解,你就会知道,那些最富有的美国人往往就住在这样人口稀少的小镇上,从来不曾搬离。你住在哪里、你是谁,这些都不重要。如果你在费城

---

① 约翰·雅各布·阿斯特,1763—1848,美国皮毛业商人,曾经在中国经营皮货获利,后来其家族成了美国著名的富豪家族。
② 雅各布·里斯,1849—1914,美国新闻记者、社会改革家,代表作为《另一半美国人如何生活》,里面如实地描绘了纽约的贫民窟。

赚不到钱，那么也别妄想到纽约后就能发财了。

约翰·雅各布·阿斯特的经历就告诉我们，任何地方都有致富的机会。

有一家女帽店的老板曾经把店铺抵押给约翰·雅各布·阿斯特，向他借了款，结果帽子店的生意太差，赚的钱连付借款的利息都不够，因此店老板只好将店铺的所有权让渡给阿斯特。阿斯特将店老板留了下来，答应给他提成，自己则天天跑到附近的公园里，在树下的长凳上坐着。

阿斯特为什么天天去公园呢？他竟然和失败的店老板合伙，这又是出于什么原因？

要我说，阿斯特的做法不但非常重要，而且可以获得不少乐趣。试想一下，他坐在公园里的长凳上，看着来来往往的人们，其中肯定不乏女士。当有女士从他面前走过，甚至刻意地抬头挺胸、目视前方，表现出一副完全不在意别人目光的样子时，事实上，阿斯特正在仔细地研究这位女士的帽子，他把帽子的形状、装饰物的颜色以及羽毛的式样都观察得一清二楚。

我有时候也想将一顶见过的帽子用语言形容给别人听，但这种情况并不多。我不愿意花费工夫来描述一顶时髦的帽子。现在的帽子，有谁能把它们的样子说清楚呢？它们只不过是堆在后脑勺的一堆东西罢了，抑或是堆在脖子侧面，就像一只只剩一根羽毛的大公鸡。但在阿斯特的时代，女帽的样式是有一些讲究的。

记下帽子的样子后，阿斯特就跑回店里，对店伙计说："快，把我说的这种帽子摆到橱窗里去，我刚才看见一位女士戴着它。在我下一次回来之前，不要在橱窗里摆其他样式的帽子。"

安排好之后，阿斯特又跑到公园里去，依然坐在之前的长凳上。当看到另一个身材和肤色都不同的女士戴着另一顶样式和颜色完全不同的帽子从眼前走过时，他又赶紧跑回店里嘱咐道："把橱窗里的帽子换成我现在说的这一种！"

从那之后，这家女帽店的橱窗里摆的都是当下最流行的帽子，顾客再也不会看一眼就走掉了。阿斯特再也不会因为人们不光顾自己的商店而跑去沃纳梅克百货公司买东西而气得破口大骂了。就因为把某个女士喜欢的且尚未量产的帽子摆在橱窗里，阿斯特的店成了流行的风向标，后来发展成为纽约最大的女帽店，而且现在依然是三家最大的女帽店之一。

接手女帽店之后，阿斯特并没有投入新的资金，而是通过观察了解女士们喜欢的帽子款式，让店铺扭亏为盈，创造了财富。我可以肯定地说，如果一个人能够洞察女帽店的商机，那么天底下任何事情都逃不过他的眼睛。

◆ 生产自己家人也爱用的商品

如果我问你，在制造业发达的费城，还有没有机会靠制造业致富，你会怎么回答呢？

有些人可能会说："机会还是有的。如果有信心以及两三百万美元作为启动资金，就有这种可能。"

朋友，打击大企业致使托拉斯解体的历史证明，小企业迎来了发展的好时机，属于小人物的时代到了！现如今，就算你没有资金，也有可能靠制造业发家致富。

听到这话，你可能会说："这不可能，没钱怎么创业？"

那我就再用一个事例来证明我的观点吧。在此之前，我希望你能记住的是，如果一个人能清楚地了解人们的需求，那他就相当于拥有了丰富的财富知识，这是任何资本都无法给予的。

致富秘诀

如果一个人能清楚地了解人们的需求，那他就相当于拥有了丰富的财富知识，这是任何资本都无法给予的。

在马萨诸塞州的欣厄姆镇，有一个人失业后成天在家里闲荡，直到有一天他的妻子看不下去了，让他去找新工作。听了妻子的话后，这个人终于走出了家门，他来到海边，坐在那里

摆弄一块湿木片，把它削成了一条木项链。

这个人把木项链带了回去。那天晚上，几个孩子因为争夺这条木项链吵翻了天。为了让孩子们不再争来吵去，这个人打算再制作一条木项链。他制作第二条木项链的时候，被邻居看到了，邻居对他说："你可以多做些木头玩具拿到市场上卖，肯定能赚钱！"

"可是，我不知道做什么样的玩具。"

"你怎么不问问你的孩子们呢？"

"问他们有用吗？我家孩子和别人家的孩子不一样。"（我在学校时经常听见这样的话。）

虽然这么说，这个人还是听从了邻居的建议。第二天早上，当他的女儿下楼时，他问："玛丽，你想要什么样的玩具啊？"女儿告诉他，自己想要洋娃娃用的床、洗脸台、小推车和小伞。这个人将这些一一记下来，然后就开始工作了——把这些玩具都做出来可能需要很多时间。就这样，他用木柴（因为他没有钱买专门做玩具的木料）做出了结实的、未上漆的欣厄姆玩具。多年后，这些玩具风靡全世界。

起初，这个人只是为自己的孩子制作玩具，后来他又做了不少复制品，并放到隔壁的鞋店代售。通过这种方式，他赚了一些钱。渐渐地，生意越来越好，他的钱也就越来越多。劳森先生在他的著作《疯狂的金融》中提到，这个木匠后来成了旧马萨诸塞州最有钱的人，对此，我毫不怀疑。

这个人就靠坚持一个原则，经过 34 年，成功地使自己的身价上升到如今的百万美元。这个原则就是，如果一个人知道自己的家人喜欢什么，那么也就知道别人喜欢什么。制造业成功的法则就是根据自己、自己的妻子和孩子的想法去揣摩市场的需求。

或许有人又会说："可是，他没什么资本，怎么会成功呢？"

这话错了，他有一把小刀，只不过我不知道他的这把小刀是不是花钱买来的。

◇ 女人发现的巨大商机

我在康涅狄格州新不列颠市演讲时也提到了上面那个案例，当时有一位坐在后排的女士听完后回家，她解开衣领时遇到了点麻烦，费了好大劲才把领扣摘下来。她一把丢开领扣，说："我要换个别的东西别在领子上。"

这位女士的丈夫说："你听了康维尔先生的演讲，现在应该知道，如果想让衣领更容易解开，就有必要改良一下领扣。肯定不少人都有这样的需求，这说不准就是商机呢。要想赚钱的话，就快弄出一种新领扣吧！"

这位丈夫的话里充满了嘲讽，他不但取笑了自己的妻子，也取笑了我。这件事情就像一朵乌云压在我的心头，让我伤心地感受到，自己努力工作了 50 多年，取得的成绩却如此微小。

尽管每次我外出演讲时，得到的听众反馈大多是赞美之词，但是我想，因为我的演讲而赚到100万美元的人应该不足十分之一。坦白地说，赚不到钱不是我的错，问题出在你们自己身上。我提出了建议，可是你们却没有采纳并付诸行动，那来听我演讲又有什么用呢？

说回那位女士，当她听到丈夫嘲笑的话之后，在心里暗暗决定做出一款更好的领扣。当一个女人默默下了决心，那么她真的会做到——果然，这位新英格兰妇女发明了暗扣。最初，暗扣就是一种领扣，外面附有一个弹簧帽，解开时只需要拉开就行了。后来，这位女士又发明了几种其他款式的纽扣，并且追加投资，和别人合伙建立了大型的工厂。现如今，她每年夏天都会乘坐自己的私人轮船到处旅行——是的，带着她的丈夫！即便她的丈夫去世了，她也丝毫不用担心自己的晚年生活，因为她有足够的金钱，只要她想，就可以买到外国公爵或伯爵等类似的头衔。

从这件事中，我明白了一个道理：财富就在我们身边，只要我们愿意低头看一看。对于那位发明暗扣的女士来说，她确实应该低头看一看，因为她的财富就在她的下巴下面。

我曾经在报纸上看到一篇报道，声称女人没有发明过任何东西。这份报纸真应该被召回。如果真如报道所言，女人没有任何发明，那么那份报纸又是怎么来的呢？

请你们想一想，尤其是女人们！你们总是说自己不可能变成有钱人，可你们不是在洗衣店里面洗衣服，就是在缝纫机上缝缝剪剪，又或者是围着织布机忙个不停，可以说根本没有找准致富的方向——这些工作的酬劳太低了。一旦你们能够找到正确的方向，变成百万富翁就不是梦想。

若非要说女人没有发明过任何东西，那我倒想问问，可以织衣服的提花机是谁发明的？雅卡尔夫人[1]。印刷机和印刷机滚筒是谁发明的？一位农夫的妻子。是谁发明了轧棉机，为美国带来了惊人的财富？纳撒尼尔·格林夫人，是她提出了轧花机的构想，只是最终发明它的人是惠特尼[2]，可以说，是惠特尼夺走了格林夫人的想法。

缝纫机是谁发明的？要是问孩子们这个问题，他们应该会回答："伊莱亚斯·豪[3]。"

南北战争时期，我和伊莱亚斯·豪在一起，他经常来我的帐篷里坐坐。他告诉我，发明缝纫机花了14年的时间。事情的真相是，他的妻子发现再不发明出什么东西，全家人可能就要饿死了，因此才下决心，仅仅用了两小时就把缝纫机研制了出来。然而，伊莱亚斯·豪用他的名字申请了专利——男人总是这样！

又是谁发明了收割机呢？

麦考密克[4]先生在他最近出版的书信集中提到，真正发明收割机的人是西弗吉尼亚州的一名妇女。麦考密克和父亲尝试研

---

[1] 约瑟夫·玛丽·雅卡尔，1752—1834，法国发明家。

[2] 伊莱·惠特尼，1765—1825，美国发明家、机械工程师。

[3] 伊莱亚斯·豪，1819—1867，美国发明家。

[4] 麦考密克，1809—1884，美国发明家、工业家。

制收割机却没有成功，就在研发受阻的时候，是这名妇女冒出了想法，她将很多把大剪刀固定在一块木板的边缘，每把剪刀只有一边的握柄和刀刃可以活动，并给这些剪刀都缠上金属丝。一个简易的收割机就组装好了。它的工作原理很简单：拉动金属丝的一端，剪刀会合起来，拉动金属丝的另一端，剪刀则会打开。如果你仔细观察过割草机就会发现，它的结构非常简单，不过是很多把大剪刀组合在一起而已。

既然女人能够发明提花机，能够发明轧花机，能够发明电车的电闸，能够发明卡耐基先生所说的为美国数百万钢铁产量奠定基础的巨型压铁机，那么，"男人可以发明天底下的任何东西！"——我这么说是为了鼓励男同胞们！

CHAPTER

5

伟大成就
起于日常

伟大的人、事、物
都在别处，
这是一种
很普遍的偏见。

◆ 一般人不会将身边的伟人视作伟人

有一次,我去采访美国第二十任总统加菲尔德将军,当我到达他家时,他家门口围了一大群人。正好加菲尔德将军的邻居认识我,他知道我赶时间,于是就带着我绕到将军家的后门。

"吉姆!吉姆!"这位邻居冲将军家院子大声喊。没多久,这位叫吉姆的,也就是加菲尔德将军本人,就来开门让我进去了。就这样,我顺利地写出了这位美国重要历史人物的传记。然而,在那位邻居眼里,他只是老熟人"吉姆"。

南北战争时,由于手下的一名士兵被判处死刑,我前往白宫去拜见总统,想为这名士兵求情。我来到华盛顿,进入白宫,在等候室里同其他人一起坐在椅子上。总统秘书挨个询问我们,以了解我们这些人来拜见总统的目的。询问完之后,秘书走进接待室,很快出来站在门口冲我打了个手势,示意我过去。

我走进接待室后,就听见秘书说:"那是总统办公室,你轻轻敲下门就可以进去了。"可以说,我从来没有那么紧张过,秘书的行为更是加剧了我的不安——他告诉我怎么进入总统办公室后就走进了另一扇门并把门关上了。我就那样站在走廊里,独自面对全美最有权力的人的办公室大门。

我上过战场,知道看着炮弹呼啸着从身边飞过是什么感受,也尝过被子弹打中的滋味,不过只要有机会,我就会逃跑。如果有人说"那没什么,被炮弹打中就像吃顿饭一样",我一点也不会同情他。我不会信任一个挨了枪子还不知道害怕的莽夫。安提塔姆战役时，炮弹在周围飞来飞去，那时候的我都不像现在这么害怕。

不过我最终还是鼓足了勇气，在离门还有一定距离的时候，伸出手轻轻地敲了敲。没有人来开门，只有一个声音传了出来："进来坐吧！"我走了进去，在一把椅子上坐下，心里想着"真希望我现在在欧洲"。总统先生坐在桌子前，连头也没抬一下。

毫无疑问，亚伯拉罕·林肯是一位伟人，他提出了一个适合所有人的伟大法则，即无论做什么事，都应该全力以赴、坚持到底，直至完成。无论是谁，也无论在什么地方，只要坚守这个法则，一定能有所作为。

当时，林肯先生伏在桌前，专心地处理手上的文件，而我就忐忑不安地坐在一旁。直到将文件用绳子捆好并放到一边后，他才抬起头来看了看我，面带笑容地说："我有很多工作要处理，只能抽出几分钟时间。现在，请你用最简短的话说一说你为什么来这里。"

我如实地向总统先生汇报了那名被判死刑的士兵的情况，他听完后对我说："斯坦顿前几天和我谈起过这件事，你不必多说什么了。放心地回旅馆吧，作为一名总统，我不会签署枪毙一个不满20岁孩子的命令，以后也决不会签署这样的文件。你可以把我的话转述给孩子的母亲听。"

接着，总统先生问我："战场上情况如何？"

"我们偶尔会觉得很沮丧。"我答道。

"别泄气,我们很快就会胜利了,光明就在眼前。应该没有人想当美国总统,等到我任期结束的那一天,我会很高兴的。到那时,我会和泰德①一起去伊利诺伊州的斯普林菲尔德。我在那里买了个农场,我也不在乎每天是不是只能挣到 25 美元。泰德养了一群骡子,我们还打算种点洋葱。"总统先生停顿了一下,又问:"你是在农场长大的吗?"

"是的,我是在马萨诸塞州的伯克希尔山区长大的。"

总统先生抬起一条腿,搁在大椅子的角上,说:"小的时候,我常常听人说,山里的人们为了让羊吃到石头缝里的草,会将羊的鼻子磨尖。"

在这一刻,总统先生就像一个普通的农夫,散发着亲切的魅力,我的紧张立刻消失了,浑身都感觉到自在。

总统先生拿起另一卷文件,直起身子,然后对我说:"早安!"我明白了他的意思,于是站起来走出了屋子。直到走出白宫,我也没有意识到,自己刚刚竟然见到了美国总统。

我没有立刻离开华盛顿。然而就在几天后,我看到人们穿过白宫的东厅,依次从亚伯拉罕·林肯的灵柩旁走过。当我看着这位遇刺的总统,这个我不久前才拜访过的平易近人的男人时,我感觉他就是上天选出来带领美国走向自由的伟人。

然而,对邻居们来说,他是"老亚伯"。当邻居们再次为他

---

① 泰德·林肯是林肯最小的儿子。

CHAPTER 5 伟大成就起于日常 57

举行葬礼时，我也参加了。林肯的灵柩被放在斯普林菲尔德的墓地，老邻居们围着他的坟墓向他告别。在这些邻居的眼中，他只不过是"老亚伯"。他们也更愿意这样称呼他。

◇ 小人物的大发明

这个穷人曾经是钉子厂的工人，38岁时受了伤，从那之后收入就变少了。他被安排做办公室里的活，负责擦掉账单上面的铅笔痕迹。他天天用橡皮擦擦账单，擦得手都酸了。

一天，他把已经用得很小的橡皮擦绑在一根小棍上，用这个新工具，像刨子一样在账单上来回地擦。"爸爸，这是你的专利吗？"他的小女儿走过来说。女儿的一句话点醒了这位父亲，他意识到自己可以去申请专利，于是就去波士顿专利局申请了。如今，你每买一支笔头带橡皮擦的铅笔，就代表着这位父亲的财产又增加了一笔。这个人既没有资本，也没有投资，他就是靠产品的销量慢慢地积累财富，最后成了百万富翁。

CHAPTER

6

让世界因为你而更棒

伟大不在于
获得某个官职,
而在于用一些微小的
行动实现远大的目标,
或者通过生活中
极为普通的事情
收获不平凡的成就。

现在，我要开始谈一个最重要的观点，也是我一直以来最想告诉大家的一个观点。

◇ 以自己的城市为荣

在费城演讲时，有一位绅士说："看看我们周围的男男女女吧，哪一个是伟人？这个地方没有伟人。伟人大都住在罗马、圣彼得堡、伦敦、马纳亚克或其他任何地方，反正不会在费城。"

为什么费城不是一个富有的城市？为什么纽约比费城好？有人说，纽约之所以胜过费城，是因为它是港口城市。那为什么说美国的其他城市也超过费城呢，难道它们也有港口？

所以说，原因只有一个——费城人看不起费城。

如果说在地球上，有一个地方必须被推着向前发展，那就是费城。若是提出建一条林荫大道，人们会嘲笑这个想法；若是想创办一所更好的学校，反对的声音此起彼伏；若是想完善法规，也会遇到各种障碍——每当改进的措施被提出来的时候，总会有人跳出来阻拦。

是时候换一种思维方式了，让我们开始赞美费城吧！让世界看到费城，就像芝加哥、纽约、圣路易斯和旧金山等地的人的做法一样，将费城也推到世人的眼前。只要我们费城人有这种精神，那就一定可以在费城做出一番事业。

来吧，我的老乡，所有的费城人，无论你想做生意，还是做其他任何事情，不必去纽约，也不必去波士顿，机会就在费城，就在我们的家乡！

> **致富秘诀**
>
> 认可自己的城市，相信机会就在这里，而不在别处。

有个年轻人对我说："费城现在没有伟人，不过以后会有。"

"是吗？什么时候呢？"

"我考上公职以后。"

年轻的朋友，如果你读过一些政治学入门书籍就会知道，要成为伟人，不一定非要在政府机关任职，而是去遵从民意。

美国是一个民主的国家，政府工作人员都是人民的公仆。既然国家由人民统治，那么就不需要伟人来担任公职，否则的话，10年之后，美国就会变成一个帝国。

我认识许多年轻女性，她们把"成为美国总统"当作自己的人生目标，我认为这是有可能实现的，如今的妇女拥有选举权，这一天早晚会来临。我想说的是，如果仅仅将目光放在公职上，因为这种渴望而影响投票，那么你将得不到任何有价值的东西，除非你可以掌握别人的投票，否则根本没什么影响力。美国的选举结果不完全受制于选票，而是由"影响力"以及控制选票的企业决定的。事实上，为了获得公职而投票的年轻女性犯了天大的错误。

还有年轻人说："美国会出现伟人，而且这个伟人就在我们费城。"

"真的吗？什么时候？"

"可能是在战争爆发的时候，也可能是当我们陷入困境而墨西哥虎视眈眈的时候，又或者是我们国家因为某个小争端而与其他遥远的国家开战的时候。到那时，我会昂首挺胸地踏上战场，迎着炮口和刺刀，高高地举起胜利的旗帜。等到我凯旋之后，国家会授予我代表荣誉的勋章以及公职，而我，就成了伟人。"

年轻的朋友，事情不是你想的这样。你以为担任公职就能变得伟大，但实际上，如果你在没有担任公职前不伟大，那么你得到这个公职后也伟大不起来。

> **致富秘诀**
>
> 要有"英雄造时势"的态度，不要等着"时势造英雄"。

美西战争结束，我们费城也举行了和平盛典。西部的人不相信，他们说："费城人那么迟钝，应该50年后才会听说这场战争吧！"

盛典当天，你们当中应该有人看见过沿着百老汇大街前进的游行队伍吧。当时我在外地，家人在信里告诉我，霍布森中尉乘坐的马车正好停在我家门口，围观的群众则大声地喊着"霍布森万岁"。如果我在现场，肯定会和大家一起欢呼呐喊。霍布森中尉值得更多的荣誉和敬意。

不过话说回来，若是问学生在圣地亚哥港凿沉"梅里马克"号运煤船的是谁，如果得到的回答是霍布森，那说明这个学生不诚实，也可以说，他的回答只有八分之一是真实的。因为在那场战争中，真正执行任务的是另外7位英雄，而霍布森作为军官，理论上不会出现在前线。我相信，对于这7位英雄，很少有人能说出他们的名字。

只要一个人恪尽职守，在自己的岗位上发光发热，做出了应有的贡献，那么他就应该获得他人的尊敬，这与他的出身和地位没有丝毫关系。可是现实中不是这样的，人们从课堂上学到的是，仗是将军打的，功劳也是他们的。说实在话，历史不应该这样教。

> **致富秘诀**
>
> 只要一个人恪尽职守，在自己的岗位上发光发热，做出了应有的贡献，那么他就应该获得他人的尊敬，这与他的出身和地位没有丝毫关系。

◇ 成为一个发光者

有人问我："你没日没夜地工作，好像从来都不需要休息。可是，你的头发也没有变白。你是不是不会老啊！"可是当我闭上眼睛，那些已故的人的脸庞就会一一浮现在脑海里。我知道，不管别人怎么说，我的确老了。

如今，当我闭眼回想在马萨诸塞州的家乡时，首先想到的就是设置在山顶上的家畜展览场地，那里还有成片的马棚。接着出现的，是教堂、政府办公楼和登山小屋；一群打扮得十分亮眼的人伴随着音乐走了过来，他们边走边挥舞着五颜六色的旗帜和手帕；还有一队士兵，踏着整齐的步伐，行走在家畜展览场地上，年轻的我则是这群士兵的队长，看起来神气十足，就是一个鼓胀的气球，只需要一根细细的麻纱针就能轻而易举地将我戳破……那时候，我认为被市长接见是非常了不起的一件事情。

我带领队伍沿着镇上的公路前进，一直走进市政厅。士兵们被安排坐在大厅中间的走道上，我则坐在前排。我们周围站有一两百人，整个大厅非常拥挤。官员们也走了进来，排成一个半圆形。市长走到主席台的中间坐下来，他调整了一下眼镜，然后看了看四周，当发现我在前排后，就走下来邀请我和官员们坐在一起。要知道，在从军之前，没有一个官员注意过我，而现在我却被邀请和他们坐在一起。我觉得在那一刻，市长就像一个国王！

当我在主席台上坐下来后，市镇管理委员会主席站起身，走到了前面。我以为他接下来会请镇上唯一的演讲家，也就是那位教会牧师来为士兵们发表演说——不只是我，在场的人恐怕都是这样认为的。出乎意料的是，这位老人要自己致辞！你们真应该看看当时在场所有人的反应。

如果一个人希望自己长大后成为演讲家，那么他就应该从小学习怎么将自己的想法好好地表达出来。这位老人从来没有演讲过，他大概想当然地认为，有了一官半职，也就自然而然地拥有了演讲的功力。可是，他犯了一个成百上千的人都会犯的错误。

　　只见这位老人将手里的演讲稿摊开放在桌上，以确保自己能看清楚上面的内容（他可能在牧场上面对着牛群彩排过很多次）。他扶了扶眼镜，看了一下演讲稿，然后就走到了发言台前。从他的姿势可以看出来，他一定花了很长时间来准备今天的这次演讲——他就像要展开一场雄辩一样，将整个人的重心放在左脚后跟上，身体有些后仰，右脚微微向前并与左脚呈45度角（我的描述一点也不夸张）。下面是他演讲的情况。

　　"市民们——"他一开口，手指就像声音一样开始颤抖，两条腿也止不住地抖动，紧接着全身都抖了起来。然而，他刚说了一句就说不出话来了，只是不停地吞口水，然后就绕到桌子边上去看稿子了。过了一会儿，他重新打起精神，握紧拳头，又回到发言台前，说："市民们，我们都是市民，我们都……我们都……我们都……很高兴，我们都很高兴。我们都很欢迎这些在战场上流过血的士兵回到家乡。我们特别……我们特别……我们特别……我们特别高兴今天能看到这位年轻的英雄（指我，这是他说的，否则我是不会自大地提起这件事的）……我们可以想象，他带领……带领……带领部队展开殊死战斗。他挥舞着闪耀的……闪耀的……剑，向部队大喊'冲啊'！"

　　天哪，这位老人对战争一无所知。但凡他了解一些战争的知识就知道，在打仗的时候，如果军官带头冲在士兵前面，几乎等同于犯罪。拿着闪闪发光的宝剑，冲士兵大喊"冲啊"，我可从来没有做过这样的事情。如果冲到战士们前面，不但可能会被敌人射杀，也可能被身后的自己人打死。身为军官，万万不能这么做。在实际的战斗中，军官都是在后方指挥的。

我曾经是一个参谋，当我们的士兵突然被叫到前线作战，树林里传来叛军此起彼伏的叫喊声时，我经常骑着马沿着火线叫喊"军官退到后方！军官退到后方！"。紧接着，军官们都会退到士兵的后面，级别越高的军官，离前线越远。这并不是说军官们都很懦弱，而是战场的规定就是如此。

这个会场里的士兵，他们当中有的人曾经抬着一个男孩越过卡罗来纳州的河，以免孩子的脚被河水打湿；有的人曾经跑了很远的路，就为了抓一头猪或者一只鸡给大家果腹；有的人在穿过田纳西州的大山时，被从松树上落下的炮弹炸死……那位老人在演讲时并没有介绍这些士兵，就算有也只是很简单地提了一下。在当时那个场合，人们都认为我才是最重要的英雄。为什么呢？因为我是军官。而那些普通的士兵，他们的英勇事迹就被忽略和遗忘了。

因为这件事，我得到了一个毕生难忘的教训，那就是——伟大不在于获得某个官职，而在于用一些微小的行动实现远大的目标，或者通过生活中极为普通的事情收获不平凡的成就。

如果你想让自己变得伟大，那就应该从此时、此地开始行动。就拿费城来说，如果你能让这个城市有更多的林荫大道、更好的学校、更多的文明设施……那么，你在其他任何地方，也能变得伟大。

也许之后你们不会再有机会听我演讲，那么就请现在记住一点：如果你想成为一个伟大的人，那就从现在所在的地方、所做的工作开始行动吧。

> **致富秘诀**
>
> 如果你想成为一个伟大的人，那就从现在所在的地方、所做的工作开始行动吧。

PART TWO
第二部分

成功者的
顶级智慧

当一个人心有所向时,
世界会为他让路;
当一个坚定的人走在路上,
全世界都会为他清理道路并欢呼。

CHAPTER

7

过犹不及——
不要越过
"天使的百合"

只有享受到幸福
才意味着真正的成功，
在心里真正地感到幸福的人
才能看到"天使的百合"
在身边绽放。

◇ 不知满足的哈里发

在东方——美索不达米亚、巴勒斯坦、幼发拉底河的低谷地区，人们用修辞和象征进行交谈，口中满是故事和寓言。如同我曾经的其他演讲一样，今天的演讲也由一个寓言故事展开。这是我听过的、最具真谛的故事——"天使的百合"的故事。

我们和那个曾讲过"寻找钻石"故事的老向导一起从巴格达出发，一路南下。在英国领事馆工作的英国人看到我们顺河而下，便骑马出城，在我们身后挥手喊道："停在天使的百合！停在天使的百合！"我不明所以，便询问老向导这句话的意思。他回答道，等夜里到达营地再告诉我。晚上，简单吃过饭后，我们坐在古老的河流岸边，围在篝火旁。老向导——这位曾经的老族长——兴趣盎然地讲起这个故事。他以前从未提起过这个故事，如今我也无法复述。讲这个故事时，他眼含泪水，我没有能力激发你们的想象力，但这个故事的魅力深入我心。我真希望你们能亲耳听到他讲这个故事，这也许是你们人生中的重要一课。老向导告诉我们，一个人能给心爱的人的最美好的祝愿就是"停在天使的百合"，所以人们分别时都习惯祝愿对方"停在天使的百合"，尤其是父辈与子女们分别时。

老向导告诉我们，巴格达曾住着一位高贵、富有、强大的哈里发（历史上伊斯兰国家统治者的称号）。他统治着庞大的帝国，财富应有尽有，他身体健康而强壮，有一个大家庭，受到各方的尊敬，住在东方风格的华丽宫殿中。巴格达是首都。那个位于巴格达的宫殿里装饰着钻石和各种各样的宝石，他在这宫殿中住了 40 年。任何东西，只要他想得到，就一定会得到。他睡在柔软的羽绒床上，看着精美的艺术品装饰和天然造就的景色。他吃的任何食物，无不是经过精心料理的。入他耳朵的音乐，无不被仔仔细细调到悦耳的音质。他房间里的鲜花，无不是从最美的花园里精挑细选的。他君临天下，无所不有。任何东西，只要他想得到，就一定会得到，有求必应。然而——他却是这个国家最不快乐的人。他厌倦指挥军队，厌倦履行职权，厌倦每个人的叩拜，厌倦餐桌上的美味佳肴，厌倦事先为他准备的一切，厌倦脚下精美的地毯，厌倦养尊处优的生活以及昂贵的一切。一天，他祈祷，希望自己有时能成为一位普普通通的平民百姓，保持自我，安心自在。

◇ 百合盛开

同一天晚上，底格里斯河下游一个叫波扎的小村中，一个衣衫褴褛的乞丐走进围栏，在开阔地躺下来，仰望星空，祈祷自己有朝一日能拥有巴格达哈里发一样锦衣玉食的奢华生活。他已经当了很多年乞丐，每日饥肠辘辘，睡在没有屋顶的围栏中，痛苦不堪。

当夜，上帝召集两位美丽的天使，交给她们一个百合的球根，对她们交代道："你们要带着这支天堂的芦笛下凡，测量波扎村中乞丐棚屋到巴格达哈里发宫殿之间的距离，找到这段距离的中点，在那里种下这百合的球根。"

两位天使下凡后，准确测量了棚屋与宫殿间的距离，并找到了中点，遵循上帝的指令在那里种下了百合球根，这时正是万物生发的美丽季节。

两位天使分开行动，一位天使来到波扎，对乞丐说："你希望幸福吗？那就去巴格达吧。"另一位天使来到巴格达，对熟睡中的哈里发说："你希望幸福吗？那就去波扎吧。"

乞丐与哈里发听从天使的召唤，各自动身前往目的地。两人在棚屋和宫殿之间，在波扎和巴格达之间相遇。在夜晚的乡间，两人都希望获得内心的安宁与幸福，他们坐下来交谈，不谈彼此的身份，友好地交流着生活中的有趣问题。他们注意到，沙土裂开缝隙，一道光射出来，越来越强烈，百合茎上长出嫩叶，嫩叶魔术般快速生长，最终开出一朵美丽的百合花。百合花越长越大、越长越高，直到美丽的花朵像帐篷一样笼罩住两人，遮住他们的视野。哈里发和乞丐就住在花朵和绿叶之下，和睦、快乐、安宁。他们想要的一切都已经满足，无忧无虑，无所奢求。他们充满爱意和友善地生活在一起。后来百合花消失了，他们被同时带入另一个世界。

这个传说世代流传，无论何时，当人们表达临别之意时，都会说"停在天使的百合"。听闻这个故事后，我凝思很久才明白老向导所说的这个故事的意味——这是一种阐释、一种象征。随着久久深思，我发现这个故事的意义深入到了生活的方方面面，而且这是我见识到的对幸福观念最出色的表达。在波扎的棚屋和巴格达金碧辉煌的宫殿之间，他们学到了最容易学到的一课，尽管他们曾经那么不满足。

老向导称他的妻子为"更多的东西"。当地人称呼别人时，总是喜欢用其特征来称呼，老向导之所以称自己的妻子为"更多的东西"，是因为她总想得到更多的东西，从不满足，她拥有的越多，想要的就越多。

我问老向导，当我们到达巴格达与波扎之间，那个被称作"天使的百合"的地方时，他会停下大篷车吗？

老向导回答道："无论我们朝哪个方向走，总是在路过那里之后，才恍然大悟已经错过了它。"

◇ 不越过界限的幸福

这个寓言故事，是人生中最饱含智慧、最蕴藏哲理的一课。

事业有成、生活幸福的人，都需要找到"天使的百合"。

你过去认为，如果你有500美元，就会感到快乐。就像查尔斯·施瓦伯（美国著名"高级打工仔"，他从一贫如洗的普通工人一步步做到钢铁公司总经理），曾经拥有50美分就会感到满足。后来，施瓦伯有了1亿美元，却感到不满意。施瓦伯越过了边界——百合花盛开的地方。有些人在商业上总是如此，多么愚蠢。

有人说："如果我有5000美元，就会感觉无上幸福。"但当他真正得到5000美元时，绝不会主动停在"天使的百合"，因为他不满足，所以会继续前行。芝加哥的老哈钦森就是这样，他赚了几千美元，随后做投机生意，在芝加哥囤积小麦，赚了500万美元。他的侄儿和侄女非常担忧，因为他到死前都不会花那500万美元，他绝不会铤而走险失去这些钱，也无法随身携带。他的侄儿和侄女劝诫他不要再做投机的交易，但是他回应道："我能有500万美元，就能有600万美元，只要再囤积一次小麦，就能再赚100万美元。"

后来他在囤积小麦这件事上栽了跟头,输掉了全部身家500万美元,还欠下了几十万美元的债务,只好去酒店搬运行李,渴望赚回他的百万财产。

在我60年的人生中,在铁路上和旅馆里,几乎不断在发生不寻常的事,但像昨晚那样离奇的事,我从未遇到过。当时,我像往常一样走进房间,从口袋里掏出一些零钱——刚好30美分,递给行李搬运工。但他却把零钱扔回床上,说:"我不接受少于50美分的小费。"我告诉他,30美分比我以前付的都多,我不会再多给他小费。这件事说明,那位行李搬运工曾对10美分感到满足,然后是20美分、25美分,如今是50美分,如果你不给他50美分,他就会觉得自己受到了侮辱。老哈钦森的经历也是如此,他想要600万美元,在追求600万美元的时候,错过了"天使的百合",从此陷入痛苦与贫穷,许多商人也是这样。

你认为多少财富能使所罗门快乐?他是一个非常不快乐的人,做了很多愚蠢的事。他是当时最富有的人,再没有什么比拥有太多财富更痛苦的了。当一个人在事业上取得成功时,就是他应该隐退的时候,此时他处于贫民和千万富翁之间。

你曾经试着一只手拿7个鸡蛋吗?如果你不是农夫的孩子,你的手不会像我的一样大,因为你没有像我一样握过犁把。我不想看你尝试拿7个鸡蛋,你拿6个,就会收获幸福;你拿7个,就可能遭遇不幸(鸡蛋掉到地上),因为你超过了那个界限。

只有享受到幸福才意味着真正的成功,在心里真正地感到幸福的人才能看到"天使的百合"在身边绽放。

选自《天使的百合》

CHAPTER

8

观察——
成事者的秘密

观察——

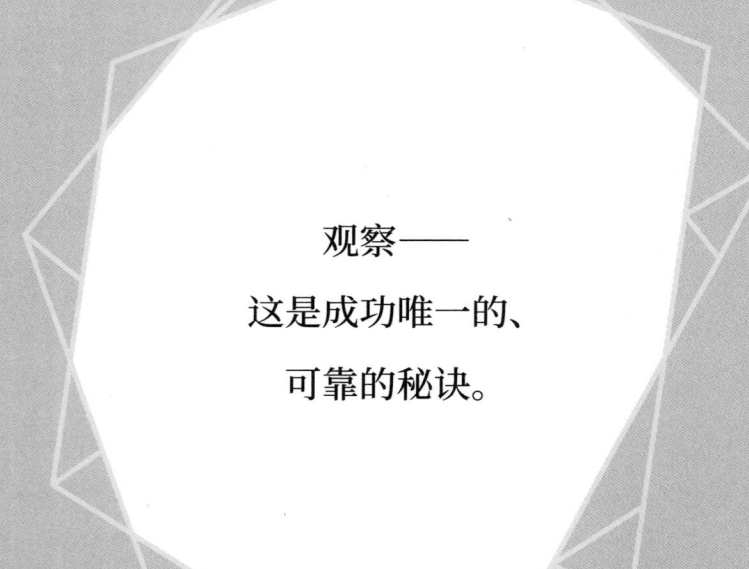

这是成功唯一的、

可靠的秘诀。

♦ 继承人在哪里

几年前，我们沿着印度的恒河逆流而上。那时我是一个旅行家、记者，我们去了印度北部的圣城阿尔格拉，从那前往泰姬陵。接着，我们雇了一队牛车，穿越22英里，去参观印度莫卧儿帝国皇帝阿克巴的避暑别墅，位于一座奇妙但死气沉沉的城市。

我从不后悔那段旅程。我的所见所闻为我提供了一个故事，我此前从未在书籍杂志上看到过。《哈珀》杂志最近发表了一篇有关这座城市的图片和文章，如果你能找到这篇文章，你可能会感受到这座美丽又死寂的城市——法塔赫布尔·西格里古城的魅力。

当我们被带去观看那些建筑时，充满东方智慧的老向导告诉我们一个与那个地方古老历史有关的传说，这个故事经常作为我提出观点时的例证。我用现在难以辨认的"鸡爪印"字体快速记下了这个故事。这个故事让我记忆犹新。

老向导说，在莫卧儿帝国皇帝买下这里之前，这里有一个美丽的宫殿。就像传说中的宫殿一样，宫殿里有一个宝座大厅，在那个大厅的尽头有一个高台，高台上有一个擦亮的金宝座。宝座旁边有一个底座，上面摆着奇妙的银皇冠，当皇帝颁布法律时，他就戴上那顶银皇冠。其他时候，皇帝不过是一个普通公民。那顶银冠之所以是银制的，是因为当时的银比金更有价值，皇帝的命令就像米底人和波斯人的法律一样权威。

当统治这个国家多年的老皇帝去世时，他没有继承人，此后没有人坐在宝座上戴上那顶银冠。人们相信君权神授，不愿接受任何不是出生于皇室血统的人来统治。他们花了12年时间寻找某个继承人或已故皇帝的某个亲戚。最后，人们陷入无政府状态，商业停止运营，饥荒遍布全国，受苦的人们呼吁占星家——他们的祭司——找到一个皇帝。

占星家们——那些信仰星星的人，在宝座大厅会面，查阅他们奇特的图表，向星星询问："我们在哪里可以找到我们皇帝的继承人？"

星星这样回答他们："上下看看你们的国家，当你们找到一个被动物跟随、让太阳为他服务、让水服从他、被人类爱戴的人时，你们就不必问他的祖先是谁。这个人将是皇室血统，有权继承宝座和银皇冠。"

◆ 占星家与猎人

占星家们分散开来，开始询问人们："你们看到一个被动物跟随、让太阳为他服务、让水服从他、被人类爱戴的人了吗？"

他们只遭到了嘲笑。最后，在旅行中，一位头发灰白的老占星家找到了进入喜马拉雅山深处的路。他遇到12月的暴风雨，在一个山坡上的猎人小屋中寻找庇护。

那天晚上，他躺在床上，醒着，为他的受苦和垂死的人民哭泣，突然，他听到山谷里传来野兽的嚎叫。他听着野兽越来越近。他分辨出鬣狗的咆哮、虎豹的嘶吼、狼的嚎叫。一会儿，那些野生动物嗅着小屋的原木墙，占星家就躺在里面。他在战栗中起身关上窗户，以防它们跳进这月光照进来的地方。当他站在窗户旁时，他看到房屋的主人——猎人走下阁楼的梯子。占星家看到猎人走向门，好像要开门出去。占星家跳上前，说："不要开那扇门！那里有鬣狗、老虎、豹子和狼。"猎人回答说："躺下，我的朋友，放心。这些是我的熟人。"

他猛地打开门，鬣狗、老虎、豹子和狼走了进来。猎人走到小屋的角落，从一根横跨角落的绳子上取下他去年秋天收集的干草，他注意到这些草是中毒的野生动物们的解药。那些中毒的动物从远处嗅到了解药，聚集在他的门前。当他打开那扇门时，动物们跟随他走到小屋的角落，它们因为面临着共同的困境而相安无事。猎人给每一只来寻求解药的动物喂食，每一只动物都感激地舔他的手，然后无害地走出了门。猎人在最后一只动物离开后便关上了门，像什么都没发生过一样去休息了。

正如老向导告诉我的那样，这是个充满寓意的传统故事。

动物离开后，老占星家躺在毯子上时，他自言自语："动物跟随他……"然后他想到了星星的提示，说："这个猎人可能是皇帝。"他转念一想："哦不，他不是皇帝。他怎么会像一个在金宝座上戴着银皇冠的皇帝——那个无知的、粗鄙的山里人？他不是皇帝。"

第二天早上，天气很冷，他们想要生火，猎人出去收集了一些树叶和树枝。他把它们放在小屋的中心——一楼的地面上。然后他拉开了一扇窗帘，露出了屋顶上的一块水晶，他之所以在那里放了一块水晶，是因为他注意到水晶能把阳光聚焦到地板上的一个点上。然后占星家看到，随着太阳升起，阳光照射在树叶和树枝上，树枝开始噼啪作响，树叶开始卷曲，小小的、螺旋状的烟雾升起，火焰闪现出来。当占星家看着升起的火焰时，他自言自语："太阳点燃了他的火！太阳为他服务，动物昨晚跟随他，他可能是皇帝。"

占星人再一想："哦，他不是皇帝，在这么一个无知的家伙当皇帝的王国里，我作为一个普通公民，凭着我继承下来的高贵身份，凭借我的财富、教养和所受的教育，会是一番什么景象呢？皇帝更有可能是我！"

过了一会儿，占星家想要喝水，他向猎人求助，猎人说："山谷里有一汪泉，我常去那饮水。"

于是占星家来到泉水边。但是风吹起来，把水搅得浑浊，没喝到水的占星家回去向猎人抱怨那浑浊的泉水。

猎人说："那汪泉叛逆了吗？我要给它一个教训。"猎人收集了油，然后带着那瓶油来到泉水边，把油滴在水上。不出所料，泉水的表面变得平静。当占星家用他闪闪发光的碗舀起闪光的泉水，享受那一股清凉时，他内心承认道："这是皇帝，因为水服从他！"但他再次犹豫了，心中说："但我希望他不是皇帝。"

◇ 星星选中的国王

第二天，占星家和猎人一同上山，有一个大坝截成了山谷里的一个大水库。占星家说："这里为什么有一个大坝，却没有磨坊？"猎人说："几年前我在平原上，人们因缺水而死。我对受苦和垂死的人类的同情心油然而生，当我回到这里时我观察到了……"

我不妨在这里停下来，强调这句话。他说："当我回到这里时我观察到了……"观察——这是成功唯一的、可靠的秘诀。我希望你快乐，我希望你拥有人类的强大的力量，我希望你拥有华丽的房子、漂亮的图书馆和用于投资的资金，观察是通往它们的唯一道路。只有取得巨大成功的人才走过这条路。

猎人说："当我回到这里时我观察到了山腰上有一块巨石。我观察到它可以很容易地被移开，我观察到它会在狭窄的山谷里形成一个极好的锚地，用来筑建水坝。我观察到这里建一个小水坝就可能拦住山上大量的水。所以我把巨石挪下，填满了大坝，收集了水。现在每个炎热的夏日，我都会挖掉大坝的一小部分，这样就能保持河水在炎热季节流动。然后，当秋天来临，我再次填满大坝，为明年的供应收集水。"

当占星家听到这些时，他转向猎人说："平原上的人类知道你是他们的恩人吗？"

"哦，是的，"他说，"他们发现了。我不久前在平原上，人们卖给我在冬天捕获的皮毛，他们围上来亲吻我、拥抱我，用他们的感激之情几乎挤垮了我。我再也不会去平原了。"

当占星家听到人类爱他时，所有四个条件都满足了。他跪下来，握住猎人粗糙的手，抬头看着他那布满疤痕的脸，说："你是一个拥有皇室血统的皇帝。星星告诉我们，当我们找到一个被动物跟随、让太阳为他服务、让水服从他、被人类爱戴的人时，他将是有权继承皇位的人，你就是那个人！"

但猎人说："我是一个皇帝？哦，我不是皇帝！我的祖父是一个农民！"

占星家说："不要谈论你的祖父。那与此无关。星星告诉我们你是皇帝。"

猎人回答说："我怎么会统治一个国家？我对法律一无所知，我从未学过法律！"

然后占星家用一句格言结束了整个讨论，这句话引自古老的圣书，用非常字面的翻译讲给大家就是："注定被星星统治的人，不敢违抗他们的命令。"

现在我把它翻译成一个更现代的短语："永远不要拒绝提名！"

猎人听到这个蕴含着智慧的格言后，同意被带到朱纳山谷和美丽的宫殿。在那里，人们给他穿上紫色的衣服。然后，在快乐和充满希望的欢呼声中，人们将皇权的象征——银皇冠戴在他头上。老向导告诉我们，在之后的40年里，那位曾经的猎人统治了这个国家，带来了前所未有的和平与繁荣。

这个神奇的寓言，在随后的岁月里一直指引着我。当我寻找一个人来做任何有意义的工作时，我都尝试寻找一个拥有故事中那四个特征的人，哪怕没有全部具备，也一定要具备其中的一些，否则他在现代文明中很难成事。

选自《成功的关键》

CHAPTER

9

任何事
都值得做好
——给年轻人的
建议

唱完最后一个音符，
把你名字的
最后一个字母写完美，
专心地吃最后一口食物……
生活中没有小事，
任何事都值得做好。

当你觉得负责任是一种快乐时，生活就充满了仪式感。我们做过的最好的工作，是我们能从中获得乐趣的工作；我们最享受的工作，是最契合我们自己"天赋"的工作。

当你认定了什么最适合你时，去不停地、不止息地追求它吧，无论多么遥远，无论需要付出多么艰苦的努力，无论攀登的过程有多么困难。困难越大，克服的困难越多，你就越珍惜你的成就，你将有强大的动力促使自己继续追求。

尽你最大的努力去找一个比你年长的朋友，对他畅所欲言。尽可能倾听每个人的意见，哪怕是身份低微、学识浅薄的人，他们可能在某些事情上比其他人看得更清楚，并且可能拥有你最需要的东西。听取每个人的建议，但要根据你自己的判断采取行动。教师是每个即将开始工作的年轻人的最佳顾问，对于那些面临职业选择的年轻人来说，没有什么人比学校教师更值得托付的了。

一个真正优秀的教师能够做到的最佳工作，绝不只是教授学生一些次要科目的知识——这些知识几乎让人得不到任何报酬。除了那些意识到真正的教育是什么的人以外，似乎从来没人考虑过这个问题。思考这个问题，意味着和学生感同身受，意味着让他们理解在接受教育的过程中什么才是真正重要的事情，意味着学生需要了解真正的教育代表着所有精神能力的增长——头脑、心灵和意志，而我们从教科书中获得的知识只是教育中最浅表的部分。好的老师能帮助学生理解从书籍里获得的知识，好的老师应该提供选择人生职业时明智的建议。一些教师，相比学生处在青年到成年这个重大过渡阶段时成为他们明智的顾问和友好的向导，更关心自己的个人荣誉和所谓的研究工作。研究工作可能会给他们带来荣耀，并给他所在的学校和机构带来一些宣传效果。但他对学生最大的责任，应该是尽自己最大的努力，使学生成为更完整的人。所以，年轻人，找一个真诚、审慎的老师吧，在困难中向他求助。

阅读最好的书籍，并从中获得人生建议。一本好书是最好的顾问，它是优秀之人的智慧结晶。同时，书籍也极其耐心，我们可以反复阅读，不断就同一主题频繁地咨询它。切记不要浪费时间，特别是在你职业生涯的开始，不要在对你成长和对你将承担的工作没有帮助的书籍上浪费太多时间。一旦你将一本书当作你的顾问，就不要在它被彻底消化和吸收前将它放在一边。读一本书比浏览100本书更有价值。培根说："有些书要品尝，有些书要吞下，少数书要咀嚼和消化。"只有那些值得咀嚼和消化的书才是我们在职业生涯开始时应该抓紧阅读的。

如今，很少有工作不需要学校的教育也能做好。如果你希望对自己的未来有所助力，就不要忽视学校的课程。选择对你的职业生涯最有帮助的课程吧。一旦选择了，就要坚定地走你的路，避免分心。分心使人不能认真工作，而且可能会半途而废。不要愚蠢地奢求自己能在许多领域都变得伟大，现如今，每一种职业的竞争都非常激烈，想要成功必须专心于一个领域。

半途而废会削弱我们的精神力量，坚定的信念是所有值得尊敬的人共有的品质。

在一个领域中出类拔萃，比涉猎40个领域要明智得多。由于涉猎过广，我们可能会草率行事。如果我们养成了对所选择的职业以外的工作草率行事的习惯，我们也很快会养成对所选职业的工作草率行事的习惯。完成全部微小的任务更能给我们更大的信心，这能确保我们在职业中一丝不苟。唱完最后一个音符，把你名字的最后一个字母写完美，专心地吃最后一口食物……生活中没有小事，任何事都值得做好。爱德华·埃弗雷特（美国政治家，曾任哈佛大学校长和美国国务卿）将他能做好每一件事的原因归功于他早期养成的习惯——即使是最小的事情，也要确保完美地完成。他曾说，他对自己能给最小号的纸包系好绳子而自豪。

学校的教育可能对你非常有帮助，但需要再次强调这些只是助力。真正的成功，在于战胜自己的缺点。也有很多通过自己的认真和旺盛精力达到成功的顶峰的例子，学校做的，是使本就明智的人更加明智。

通过牺牲和艰苦的劳动赢得的一切都是无价的，许多高尚的人获得荣誉和地位，完全归功于此。深思熟虑的美国人并不关心你的祖先是谁，是否毕业于某所名校。他们相信，你在哪里购买你的教育工具并不重要，只要你用它们做好工作。

在美国，只有一个真正的贵族——拥有更多的精神力量和个人成就的人。

没有什么比认为任何在学校正规课时之外获得的教育都毫无价值更愚蠢的了；不止一次有人试图制定法律，阻止那些不得不通过非传统渠道获得知识的人从事医生和律师的工作。将军胜利不取决于他接受军事训练的平台以及他学习的时间。奥利弗·克伦威尔（英国政治家、军事家）是他那个时代最伟大的将军，但他直到40岁时还是农民，那时他才加入了议会对抗查理一世的军队。把将军放在部队之首的国家唯一关心的问题应该是，他是否拥有使我们胜利的能力。

处于困境中的人不会对救生员的家室有要求，也不会停下来询问他何时毕业。不要被那些墨守成规的人吓跑。获得知识是美国每个男孩和女孩的权利，即使是这个国家最卑微的人也可以拥有。请一定坚信这一点并走上你自己的道路。当一个人心有所向时，世界会为他让路；当一个坚定的人走在路上，全世界都会为他清理道路并欢呼。在选择职业时，不要局限于曾做过的旧职业。现在有许多职业需要极精湛的技能并提供了极诱人的报酬，并在逐渐增多。许多曾被视为低端的职业已经上升成高端职业——烹饪、农业、装饰艺术、林业、护理、卫生、服装设计等，从事这些职业的人比以前更有可能获得更好的职位与回报。

但是，年轻人绝不能忽视这一真理——生活远远不只是地位、食物和穿着。很多成功人士都享受为他人服务。教育的主要作用之一就是它提供了关于生活更广阔的视野，并增加了人们为人类服务的更大动力。让自己的生活有价值的人是优秀的观察者。每一天，每一个地方，都能找到让自己和他人获得幸福的方法。

选自《提高个人效率》

APPENDIX
附　录

聪明的投资者总是能够创造财富,
他们擅长在看似平凡的事物中发现非凡的价值。

APPENDIX

—— 附录 1 ——

演讲台上的 50 年
——罗素·康维尔自述

写一篇自传，这似乎是一个既荒唐又具挑战性的任务。我既无惊人的壮举，也无辉煌的成就，似乎我的人生故事并不值得一读。我未曾刻意留存过任何关于我工作的篇章，也没有什么可供参考的资料。我曾觉得，那些为我撰写传记的人对我太宽容了，而我付出的努力又显得如此微不足道。因此，若真要写篇自传，我仅有的是那些深深烙印在脑海中的回忆。

　　回顾半生的讲坛生涯，那些珍贵的瞬间与美好的记忆始终伴随着我。我对他人给予的关怀与恩赐心怀感激，因为我深知，这些本非我应得之物。我取得的成果远远超过了我的预期，我获得的荣誉甚至是我青年时期都不敢想象的。相对于我自己的经历，我更愿意多讲讲那些曾帮助过我的人。

　　活到这把年纪，我亲眼见证自己的成就超过了最初的憧憬。我的身后有无数双手，在推动着我以及我的事业不断地向前。置身于这样的现实，就像梦境一般美妙。我由衷地祝福那些心怀仁爱、品德高尚的人，他们总是愿意为了他人的利益而牺牲自己，一心想着能为这个世界做些什么，从不计较个人的得失。如今，他们中的许多人已步入天堂，而我，这个年迈的老人，只能独自仰望苍穹，静待夜幕的降临。

五十载光阴，转瞬即逝。第一次登上讲坛时，我还很年轻。1861年至1865年的南北战争期间，激情、爱国、恐惧与忧虑，复杂的情绪笼罩在每一个人的心头。那时的我正在耶鲁大学求学。

尽管我害怕在众人面前发表演讲，尽管我害怕面对各种听众，但我心中却总有一种奇特的冲动，驱使我在公众场合发言。这种矛盾的情感持续了好几年，让我备受煎熬。直到战争与征兵的公众会议为我提供了一个机会，让我能够释放内心的责任感。于是我第一次在众人面前演讲，题目是"历史的教训"，号召人们反对南部邦联战役。

在那段日子里，我遇到了杰出的演讲家约翰·高夫先生，他充满爱心且乐于助人。1862年，他介绍我到马萨诸塞州威斯菲尔德的一个小教堂发表演讲。那时的我或许说得像个小学生般稚嫩，但高夫先生的热情赞扬、人们的鲜花与掌声让我意识到，走向公众演讲的道路或许没有我想象的那么艰难。

自那以后，我便听从高夫先生的建议，几乎从不拒绝任何邀请，也不挑剔演讲的主题。我抓住一切机会"实践"，虽然过程中不乏失败，但朋友们却因此感到欣慰。无论是轻松的工作、主日学校、爱国聚会、葬礼、周年纪念、学位授予典礼、辩论、牛展还是妇女缝纫小组，我都乐于在各种场合提供免费而公正的演讲。在最初的5年里，我几乎没有任何收入，但我从中积累了宝贵的经验。后来，人们开始自愿送我礼物，如大折刀、火腿和书籍；我第一次获得的报酬是75美分现金，来自一个农民俱乐部，因为我为他们讲了关于"马的租用"的问题。当我作为通讯记者周游世界时，他曾邀请我就"山里人"的问题发表演讲，并支付了我 500 美元的酬劳。

在讲坛生涯的早期，我一边实践，一边尝试各种各样的职业，如军人、记者、律师、编辑或牧师，这些都为我提供了稳定的收入，使我能够维持生计。我很少将演讲的收入用于个人消费。36 年以来，我一直将大部分演讲收入捐献给慈善事业。我写的自传可能过于古板守旧，当我提到在某些年里，我每年要进行 200 多场演讲，每场演讲的平均收入为 150 美元时，或许我的年纪足以让我免受利己主义者的指责吧。

詹姆斯·雷德帕斯先生创立首个演讲社时，我成为其中一员，深感荣幸。雷德帕斯先生是美国废奴领袖约翰·布朗的传记作者，而布朗先生又与我父亲有着深厚的情谊。因此，还是学生的我在放假期间便靠卖约翰·布朗的传记来赚钱。我与雷德帕斯先生的交情一直保持到他去世。

我曾受雇于查尔斯·泰勒将军，担任《波士顿旅行者日报》的记者，他的无私帮助和善意让我铭记在心。他曾向雷德帕斯先生推荐我，说我在那些大人物鲜少涉足的小镇发光发热，"填补了小镇的空白"——这对我而言是莫大的支持和鼓励。

在雷德帕斯先生最初的演讲家名单中，星光璀璨的名字数不胜数，如比彻、高夫、参议员萨姆纳、莉维莫尔夫人、泰勒、爱默生等。许多那个非凡时代的牧师、音乐家和作家，也是名单上的一员，甚至霍姆斯博士、惠蒂埃、朗费罗等名人都曾应邀前来演讲，而且他们没有收取任何费用。看到自己的名字与这些名人并列，我深感羞愧，我想每一个熟悉我的人应该都在背后嘲笑我吧。然而，泰勒先生从先驱论坛报社寄来的亲笔信给了我极大的信心和安慰，他称赞我将在演讲领域大有作为。同时，克拉弗林州长也为我发来贺信，巴特勒将军更是鼓励我坚持下去，成为一名优秀的律师。

演讲对我来说，始终是一项使命和责任。我从未将自己定位为娱乐表演者。若非坚信必须在演讲中传播福音真理，响应那永恒的"神的召唤"，我恐怕早已失败。自1879年成为牧师以来，我是美国和英国讲道台上的常客，我找不到任何理由来说服自己放弃这片大有可为的天地。

成功的演讲家或许有着相似的经历。艰难的旅程、简陋的旅店、晚点的火车、寒冷的大厅、闷热的教堂、委员会的过度热情以及时常被打乱的睡眠，这些烦恼终将被遗忘。而那些充满智慧的面孔、感激的信函以及给予年轻大学生的资助，始终让我感到快乐。愿上帝保佑他们所有人。

在长达50年的旅途中，我乘坐过各种各样的交通工具。常常有人问我，有没有在旅途中遭遇过意外。事实上，我从未受过伤害，这确实是个奇迹。在长达27年的时间里，我每三天进行两场演讲，从未失约。有时我需要租车赶到演讲现场，几乎每次都能准时到达，仅有一次迟到了几分钟。旅途中虽事故频发，但我都幸运地躲过去了。我曾在约翰斯顿的洪水中目睹列车驶过后桥便崩塌的场景，也曾搭乘破旧的船只在大西洋上漂泊26天。还有一次，我离开乘坐的火车卧铺不过半小时，就有人在那个地方被杀害了。我经常遇到火车脱轨的情况，但无人伤亡。我也曾遭到强盗的威胁，但始终安然无恙。我深知，上帝和人们一样，都对我十分宽容。

撒玛利亚医院和加雷兹医院发展迅速，它们每年救治成千上万的病人。这让我感到很高兴。虽然天普大学才创立20余年，但已经帮助近 10 万名没有机会通过正常渠道接受高等教育的青年男女提高了收入。现在学校有 253 名教授，还有一些教职员工，与他们做的事情相比，我的贡献微不足道。提及这所大学，只是想说明我的"讲坛生涯 50 年"实则只是我的副业之一；提到这些是想说明，在这么多具有奉献精神的人和事中，我这"演讲台上的 50 年"算不上什么。

我最知名的演讲"钻石之地"源于一次偶然的分享，是我在与参加了南北战争的老战友、马萨诸塞州第 46 军团的战士们相聚时谈到的。我从来没想过会再次提及这个演讲，甚至当演讲委员会邀请我时，我也未曾预见到它会陪伴我走过如此漫长的岁月。直至如今，我已经讲了将近 5000 场。

"为什么它如此受欢迎？"对此，我无法给出确切的答案。我只能说，每次演讲时，我都满怀激情，因为我觉得这是一个宝贵的行善机会。演讲的时候，在保持大致内容不变的原则下，我会适当采用当地的例子来阐明自己的观点，好让听众更感兴趣、更有共鸣。

按照自然的规律，我这只曾经挥舞在讲台上的手终将落下。我衷心希望，这本书能在未来的岁月里继续传递正能量，为人类大家庭中的每一位兄弟姐妹带去帮助。

罗素·康维尔

写于马萨诸塞州南沃辛顿

1913 年 9 月 1 日

APPENDIX

—— 附录 2 ——

罗素·康维尔的
非凡人生

我要写的这个人不平凡，他的身上展露出许多为人称道的优点，比如风趣幽默，比如积极进取、坚韧顽强，又比如胸怀大志、脚踏实地，而且最重要的是，他不仅自己工作努力，还发挥了巨大的影响力，不断地激励他人，给无数人带去信心，令他们备受鼓舞。这个浑身散发着无穷魅力的人，就是罗素·康维尔。

康维尔从小在农村长大，老家在一个多岩石的山区，他自小就是村里的孩子王。长大后，康维尔当过小学老师，学生们和家长们都很喜欢他。后来，他进了报社，成了一名记者，并且因为工作出色而名声在外。他还入伍担任军官，参加了美国南北战争。做律师时，他经手了很多案件，业务十分繁忙；也当过作家，出版过畅销书。他一度放弃了律师的工作，建了一座大教堂，并以牧师的身份每年举办讲座，为人们演讲。他提出了"遍地都是钻石"的理念，成百上千的男男女女因此振奋起来，摆脱困境，走向成功。

如今，康维尔是两家医院的院长，其中一家医院是他自己创立的，这两家医院收治了许多病人，并使他们重获健康。此外，康维尔还是一所学校的创始人兼校长，目前有数以万计的学生在这所学校里就读。尽管康维尔是费城人，但他的大名已经传遍了美国的每一寸土地，他的朋友也遍布天下。可以说，康维尔一生都在帮助和激励别人。

对于年轻人来说，康维尔的演讲的确有很大的吸引力，无论是列克星敦的人，还是其他地方的人，都不会否认这一点。而且，不只是年轻人，年纪大一些的也无法抗拒康维尔。他真的有一种独特的魅力！他是一个有趣的人，并且有能力让教堂变得有趣，让布道变得有趣，让演讲变得有趣。正因为他有趣，所以能吸引别人的目光，进而给人鼓舞。

◇ 一把镀金的宝剑

相比简单地记录某年某月某日做了什么的大事记，传记可以打破时间的限制，意义更为深远。康维尔将给同胞带来信心和鼓舞视为最重要的事情，为此，他每天工作的时间长达16小时，直到82岁时离开人世。

1843年2月15日，康维尔出生在马萨诸塞州东部伯克希尔山区的一个贫苦人家。多年后的今天（指1915年夏，罗伯特·沙克尔顿采访康维尔时），当我和康维尔一起坐在他老家的旧壁炉前时，他告诉我："我就是在这间屋子里出生的。小时候家里很穷，我们吃饭、睡觉，都是在这间屋里。"当时康维尔已经把父亲原来那块多岩石的农场买了回来，并修缮了这间又矮又小的屋子。说完那句话后，康维尔沉默了一会儿，接着讲起以前的艰苦生活。

我们从屋里走到外面的走廊上，透过昏暗迷蒙的夜色，俯瞰周围的山谷和溪流。康维尔说起了他奶奶的爱情故事，他告诉我：当年，有一个年轻的马里兰州人旅游来到这个地方，与他的奶奶坠入爱河。当这对情侣想结婚时，遭到了父母的强烈反对。另一个奶奶的爱慕者的出现，使得这对情侣之间也出现了裂痕。他们发生了激烈的争吵，由此不欢而散。此后，奶奶的心里就留下永远的遗憾。

"为什么奶奶老是哭？"康维尔小时候经常这样问身边的大人，大人则告诉他，奶奶是为了哀悼她年轻时的丈夫而哭。

我们又走回了屋里。康维尔带我看了他和约翰·布朗（美国废奴主义领袖，在一次起义中被逮捕并杀害）第一次见面的房间。"那天早上，当我走下楼梯时，一个长得高高大大、浑身毛发旺盛的男人就横躺在那张床上。说实话，我当时真的吓坏了。"康维尔说。不过，这种害怕的情绪并没有持续很久，因为从那之后，约翰经常过来，他和康维尔兄弟成了朋友。

约翰对待康维尔兄弟非常友善，他花时间教导康维尔家的老马把孩子们送到1英里以外的学校后再独自拉着马车返回，等放学的时间一到，只需要把老马往学校的方向赶一赶，它就会小跑着去接孩子们回家。康维尔至今还记得约翰耐心地教导老马的场景，他会跟在马的旁边，到了拐角处就拉着老马转弯，这样不断地训练，直到老马可以完全靠自己往前走并熟练地转弯。

康维尔家附近有个火车站。他还记得，当自己还是个小男孩时，曾看见被父亲驱赶的奴隶奔跑着穿过田野，暂时躲起来。"那是一个英雄辈出的年代。"康维尔平静地说,"父亲有时会带着我一起出去。夜里赶马车真是一种奇妙的体验,畏缩的奴隶,静悄悄的马路,既安静又令人畏惧。"在康维尔的记忆里,从这里登上火车,可以从费城通往纽黑文(康维尔的父亲在那里接手黑奴),再到斯普林菲尔德,之后辗转去贝洛斯福尔斯和加拿大。

康维尔曾在山里的小屋见到黑人演讲家弗雷德里克·道格拉斯。道格拉斯告诉康维尔,他的父亲是个白人,他从来没见过父亲;而他对母亲的记忆很少,他只记得有一次母亲用自己的身体帮他拦住了工头的鞭子,鞭子落在母亲的脸上,血则溅到了他的身上。

"约翰·布朗被捕之后,我父亲想将我们家的地卖掉,用换来的钱替约翰请律师。可惜,地没有卖出去。在约翰被执行死刑的那天,我们一家人就跪在这里,从11点到12点,为约翰·布朗祷告,祈祷他的灵魂能够安息。我们知道,肯定还有其他人也在祷告,因为教堂的钟声不断地响起,那悲壮的声音震彻山谷。"

康维尔认为,他的人生从南北战争时期才真正拉开序幕,那个时期的种种经历给他的性格打上了坚强的烙印。事实上,他一直这样。邻居们都还记得,年少的康维尔十分勇敢。他无所畏惧地出海远航,凭着熟稔的游泳技能救了很多落水的人。他精力充沛、性情坚韧,还曾经在严寒的冬夜为了救一头牛而不顾一切地外出。在军队里,他会把自己的定量食物无私地分给战士们,还冒着生命危险去救一名因迷路而陷进沼泽地的战士。

我眼前的这个人具备如此非凡的魅力,这或许可以追溯到他的先辈们——他完美地继承了父亲高尚的美德、勇敢的精神、实事求是的作风，祖母的浪漫精神，以及母亲的梦想家特质。

康维尔是一位梦想家，正因为他爱做梦，所以才能做到那些别人认为不可能做到的事情。不过，他也有讲求实际的一面，他注重效率，才能不凡，做事认真，并且具备极大的耐心和极强的领导力，因此他的梦想能够成真。尽管他爱做梦，但他的梦不是幻想，而是变成了现实。

多岩石的山区、逃跑的奴隶、废奴主义者约翰·布朗，这一切在潜移默化中给了这个年轻人最好的教育。康维尔小时候读的学校只有一间教室，那时有一个老师很关心康维尔，他看出康维尔身上藏有无穷的潜力，便尽自己所能帮助、教导康维尔。后来，另一个老师也发现了康维尔的才华和能力，就极力劝说康维尔的父母让康维尔接受更多的教育。因此，父母想尽办法，把康维尔送到了韦伯拉汉·莫森中学。康维尔很喜欢谈起在那个学校的日子，他给我讲述了在那里学习的艰辛——不过他并不在意，也讲到了每当周末收到家里寄来的馅饼和蛋糕时他有多开心。

他还卖过书，在挨家挨户地把手上的书推销出去之前，他会先把所有的样书都读一遍。"得益于这段经历，我收获了很多知识，对世界也有了更深的了解。"康维尔认真地对我说。

1860年，康维尔进入耶鲁大学学习。战争的爆发搅乱了学校的生活，康维尔次年就报名参军了。他当时只有18岁，由于父亲强烈反对，康维尔又回到了学校。隔年，他再次投身军营。当时，部队里来自伯克希尔的青年们认为康维尔颇有领导天赋，一致推荐他做头领。大家的请求得到了长官的认可，19岁的康维尔成了军官。同乡们用募捐来的钱买了一把镀金的剑送给康维尔。那把剑的剑身上刻着一句拉丁文，意思是"真挚的友谊天长地久"。

这把剑是康维尔一生中最有活力、最重要阶段的见证，如今，它被挂在康维尔费城家中的床头上。

当我们一起站在那把剑前时，康维尔又告诉了我一个故事。"对我来说，这把剑意义重大。"他的声音有些低沉，似乎在刻意地克制自己的情绪。或许这把剑勾起了他的回忆，那些往事就像昨天才发生似的，一幕幕闪现在他的眼前。

"在伯克希尔山区有个名叫约翰·林的男孩，由于他发育不良，长得比较矮小，大家都称呼他'小孩'。他的身材也达不到入伍的标准。

"出于一些原因，他对我很忠诚，他不仅想参军，还想跟着我到炮兵连。为了帮助他入伍，我只能让他做我的仆人——尽管我并不需要一个仆人，这是唯一的办法了。

"在部队里，我随身佩带的是把普通的剑，这把金光闪闪的剑则被我挂在帐篷的柱子上。约翰经常会抚摸这把剑，把它擦得亮亮的。他看着这把剑的时候，眼里满是敬慕。在他看来，这把剑不仅代表了我，还象征着荣耀。

"有一天，南部联军军队突然向我们在新伯尔尼附近的驻地发动袭击，我们部队紧急撤退到河对岸，并且在渡过河后点燃了连接两岸的长木桥。熊熊燃烧的大火将敌军阻隔在对岸。

"大家都没留意的是，约翰不知道在什么时候绕过了南部联军军队，跑回驻地帐篷去取那把宝剑。我原本以为他可以平安返回，和我们会合，因为他看起来就是个孩子。

"当桥燃起来的时候，约翰正好到了桥头。他拿着那把被他视如珍宝的宝剑，开始过桥。火势越来越大，烟雾越来越浓，约翰行进得很缓慢。每隔几秒，他都会努力把身体探到桥的外边猛吸几口空气。

"两边的军队都注意到了约翰，看着他冒着炮火前进。有位南部联军的军官跑到河边，一边挥舞着白手帕，一边喊：'让这个孩子回这边来！跟他说，只要回来，我们会让他自由离开！'

"此时，约翰已经到了桥上最危险的部分，他的四面八方都是火，根本听不见河两边的人在叫喊些什么。他绝望地、拼命地往前跑啊爬啊，最后消失在火海中。

"周围都安静了下来，除了疯狂的火苗在噼里啪啦地怒吼，没有一个人再发出任何声音。大家都在期待着什么。过了一会儿，河两岸的军队爆发出一阵呼喊——约翰又出现了！他爬出了火海，衣服都被烧着了。约翰掉进了靠近河岸的浅水中，很快被我们救了起来，送去了医院。

"约翰被救起来的时候已经不省人事。在医院里，他一直昏迷不醒。等到他终于醒过来之后，当发现自己冒死取回的宝剑就放在身边时，他的脸上露出了一丝笑容。约翰把宝剑紧紧地抱在怀里，让它贴着他的胸口。约翰对我说了几句话，之后就再也没有醒来。"

在讲述这段故事的时候，康维尔的声音有些颤抖，眼神也变得无比忧愁，但他嘴角又透出一股坚毅。讲完话，康维尔陷入了沉默，尽管眼前的布罗德街热闹无比，但是他显然没有将目光聚焦在来来往往的行人和车辆上，而是被某些思绪拉扯着。或许在康维尔听来，街上隆隆的嘈杂声犹如多年以前的枪炮声。

"站在约翰的遗体旁，我意识到，这个人为我献出了自己的生命。在那一刻，我立下誓言：我这一辈子不仅为自己而活，也为约翰而活。

从那以后，我每天都工作 16 小时——其中 8 小时属于我，8 小时属于约翰。"当康维尔再次开口的时候，语气依然有些紧张，声音中还有一种奇怪的调子，就像一个长跑的人快跑到终点时发出来的一样。

"我每天早上起床后，第一件事情就是看看这把宝剑。出门在外，我也会时刻想起这把剑，暗暗激励自己每天一定要工作 16 小时。"如果你了解康维尔的话就会知道，世界上再也找不出第二个人来，可以像他这样坚持辛勤工作这么长时间。

在离康维尔老家几英里远的小山上有一块墓地，墓地周围长着茂密的灌木丛和野草，还有几棵大树，为这片孤寂之地遮风挡雨。在这连绵起伏的绿色中，一块小小的墓碑告诉人们，约翰就长眠于此。

◆ 一个正义的律师

最近，一个纽约人，他也是一家公司的董事长，和我说："我认为，在这个世界上，康维尔做的事情比任何人都要多。"说这话的时候，他的表情非常认真。

不过，康维尔并不是一开始就投身于他一生中最重要的工作的。在 40 岁之前，他并不算成功，尽管取得了一些成绩，但始终没有找到一个明确的方向。他漂泊不定，从西部搬到东部；他做过很多工作，比如律师、演讲家、编辑，当过新闻记者并因此走遍世界，还出过不少书；他赚到了钱，但由于火灾、错误的投资以及资助朋友，没有留下一点积蓄。或许是因为战争的扰乱，康维尔的生活也一直处于变动之中。尽管如此，这些岁月对他来说也是非常重要的，为他后来的生活奠定了基础。在国外，他遇到了很多显要人物；在家乡，他拥有很多朋友和追随者。

当律师时，康维尔不会承接自己认为不义的案子。不为自己认为有错误的一方打官司，这是他的做事原则。

他笑着说起了一次被骗的经历。当时一个被指控偷了手表的年轻男子找到康维尔，希望康维尔能为自己辩护。那个年轻男子看起来天真纯朴，因此康维尔毫不犹豫地接下了这个案子，他甚至为男子感到愤愤不平。康维尔成功地为年轻男子做了无罪辩护。就在法院判决之后的第二天，那个年轻男子又来到康维尔的办公室，满脸羞愧地将一块手表交了出来："康维尔先生，请您帮我将这块手表交还它的主人。我欺骗了您，希望您能原谅我。我不会因为没有去坐牢而变得更坏的。"后来，这个年轻人果然没有辜负他。人们都说，是康维尔激发出了年轻男子诚实的本性。康维尔的确是一个善于激励别人的人。

◆ 林肯总统的影响

康维尔总是会受到一些非凡的、爱国的人或事的影响，比如约翰·布朗，又或者是林肯。尽管康维尔只见过林肯三次，但是他对林肯的记忆非常深刻。

康维尔与林肯第一次见面是在一个晚上。当时康维尔正好在纽约，他听说有一个从西部来的名叫亚伯拉罕·林肯的人要在库伯联盟学院发表演讲，就前去旁听。当时林肯的名字还不为人所知，但是他的那篇演讲后来却广为人知。

想起那天见面的情景，康维尔说，林肯显得有些不修边幅，不仅衣服胡乱搭配，还一只裤脚长一只裤脚短，看起来很不协调。林肯刚开始演讲的时候不太顺利，显得有些笨拙和窘迫。可能是为了让林肯放松一点，大会主席给他倒了一杯水。不过，很快林肯就振作起来了，他把演讲稿丢到一边，自信又流畅地侃侃而谈，看起来就是一个天生的演讲家。这一次见面对康维尔来说受益匪浅。

与林肯的第二次见面是在华盛顿，康维尔为了一个因站岗睡觉而被判死刑的士兵去向林肯求情，请求他赦免这名士兵的死罪。当时的康维尔很年轻，在军队里担任连长，当他看到自己崇敬的偶像时难免心生畏惧。即便是现在谈到这件事，康维尔仍然会紧张，声音有点颤抖。

康维尔担心林肯因为繁忙的公务而忘了那个士兵，没有及时阻止死刑的执行，但林肯坚定而庄重地说："告诉那个孩子的母亲，我不会签署枪毙一个不满20岁孩子的命令，以后也决不会签署这样的文件。"那是康维尔第一次且唯一一次和林肯对话，他永远都不会忘记。

康维尔第三次见到林肯则是在他的葬礼上。时任军官的康维尔笔直地伫立在一旁，看着周围的人神色哀伤地一个接一个瞻仰总统的遗容。当时的场面让康维尔深刻地感受到了林肯对整个国家的价值。

◆ 天生的演讲家

康维尔年轻的时候是当地有名的演说者。南北战争爆发后，他开始发表爱国演讲，很多人都因此受到感召而应征入伍。成了牧师后，他凭着朴实自然、富有感染力的口才，吸引了很多人加入基督信仰的行列。

康维尔是一个天生的演讲家，并通过不断的学习、思考和实践，将这种演讲的才能发挥到了极致。一直吸引别人的注意力，这是一件不容易做到的事情，但是康维尔做到了。只要他一开口，人们的目光必定会落在他的身上，并且仔细地聆听他说的每一句话。

大约在25年前，康维尔出版了一本关于学习与实践的书。在书中，他提出了一个观点，"口齿清晰才能展现雄辩的魅力"。他也在始终践行这句话。哪怕是在一个很大的屋子里演讲，他也会保证每个角落的人都能清楚明白地听到自己在讲什么，即便他现在已经70岁了，也是如此。而且，他讲起话来十分温和、自然，显得毫不费力。

康维尔还有一个重要的观点，即"热情可以激发热情"。每一次演讲或布道时，他都会尽力用自己的热情去感染台下的每一位听众。

"把听众逗笑，这很容易，但也有一定的风险，因为这对演讲者来说，会给其掌控现场的能力带来极大的考验。身为演讲者，必须有能力让听众在大笑之后又及时将注意力集中在接下来要说的内容上。"康维尔如是说。我知道，他对现场的掌控能力是很强的。有一次我在现场听他讲道，当他说了一番话之后，听众们笑了起来，但是片刻之后，每一个人又都认真地聆听他接下来讲的内容。

康维尔是风趣幽默的，而且他的幽默十分简单、有效：有时候是一个双关语，既不脱离他要讲的内容，又能让人印象深刻；有时候是一件趣事，听起来既有意思又很真实。当康维尔说出一些事情时，人们从来不认为那是他自己的糗事，而只会单纯地觉得好笑，由衷地发出笑声。不得不说，康维尔的幽默功力的确高强。

"用真实的事例说明问题，并且演讲的时候要条理清晰。"这是康维尔的演讲秘诀，他一直也是这样做的。他演讲时会用到很多生活中的亲身经历，比如他昨天在火车上听邻座的孩子讲的故事，或者是他见过的某人或某事。他走过了伦敦、巴黎、纽约、孟买、俄亥俄州、加利福尼亚州等许许多多的城市或地区，凭借一双善于观察的眼睛看见了形形色色的万事万物，再加上他记忆力很好，这些都被积累在他的脑子里，等到演讲的时候则信手拈来。对他十分了解的英国探险家、记者亨利·斯坦利曾说，"康维尔有两双眼睛"，"能够一眼看见所有眼前的情景和所有未来的情景"。

康维尔十分善于用回忆来补充例证里出现的人物或地点。在谈到加利福尼亚金矿被发现的故事时，他说："几年前，我正好在那里发表演讲。"谈到发明缝纫机的故事时，他又说："如果我问你们，是谁发明了缝纫机，你们肯定会说是伊莱亚斯·豪。事实上，缝纫机的发明者另有其人。南北战争时，伊莱亚斯·豪就和我在一起，他亲口告诉我，尽管他花了14年的时间想发明缝纫机，但是真正的发明者是他的妻子，当时他的妻子感觉再不发明点什么出来，全家就会饿肚子，于是就在几小时内发明了缝纫机。"康维尔的语气非常亲切，听他演讲时，你会觉得自己和他说的事情或人有着千丝万缕的联系。

不管是在讲道台上，还是在演讲台上，康维尔始终保持着真诚的态度，语言也都非常质朴。他曾在自己关于演讲的著作中写道："每个人都没有权利滥用语言。"

有一个年轻的牧师说，康维尔曾告诉他："要记住，你的每一次讲道，都可能拯救至少一个灵魂。"

康维尔还曾告诉他的一个挚友："每当我讲道的时候，我都会想，台下的听众中很可能有些人是最后一次来听我讲道，我必须好好地把握这仅有的一次机会。"由此我们可以明白，为什么康维尔的每一次演讲都如此感人，为什么他总是充满了活力。在康维尔看来，尽可能地多做好事是自己的使命和责任，他不能浪费任何时间和机会。

只要康维尔一站到讲道台前，人们就会被他吸引，一直到他讲完话为止。不过，在这期间，康维尔不会刻意做些什么以吸引人们注意，他说："我希望自己能尽量讲得通俗、简单一点，这样你们会觉得是在听一个朋友说话，而不是在听我讲道。"

康维尔喜欢唱歌，也经常领着大家唱歌，音乐是他的好帮手。

我还记得有一次在教堂里做礼拜时，唱诗班的领队站在前面领唱。康维尔站在讲道台的后面，眼睛看着赞美诗集，身体则随着音乐的节拍微微摆动。教友们都不自觉地看向他，和着他的拍子，不知不觉间，他成了真正领唱的那个人。陶醉在音乐中的康维尔，脸上露出愉悦的表情，这份快乐感染了教堂里的其他人。他就是有这样的魔力，让身边的人都能感受到他的快乐。

康维尔演讲时会做一些简单的手势，例如当他想表明自己说的这句话很重要时，会用拳头击一下另一只手的手心。有时候听完整场演讲后，你并不会记得他做过什么动作，但是他的声音却仿佛仍然在耳边回荡，他那愉快的表情也会久久地停留在你的记忆里。尽管他现在已年过七十，但他的眼神依然年轻。

和所有伟大的人一样，康维尔不只是做大事，也注重很多细节。有一次，他的助理在宣布某位老教友的葬礼举行时间时，一下子忘记了街道名称和门牌号，支支吾吾的，说什么可以在电话簿上查到。这时，一旁的康维尔递给助理一张纸条，小声地提醒道："是这个号码，在多芬街。"虽然他尽量压低了声音，但是在场的人都听得清清楚楚。

他的记忆力惊人，经常在演讲的时候不经意地提起很多年前的奇闻逸事，而且都记得清清楚楚。

一个周末的晚上，他随口说起自己第一次看见总统候选人加菲尔德的情景。"在华盛顿的时候，我遇见了麦金利少校，他和加菲尔德先生一样，都住在北俄亥俄州。我请求他带我去拜访加菲尔德先生。当我们到了之后，由于大门口的人太多，我们只好让一位邻居帮我们去找加菲尔德。'吉姆，吉姆！'那个邻居大声地喊。你瞧瞧，在邻居眼里，这位总统候选人也不过是普普通通的吉姆罢了。所以说，越过自家后院栅栏认出某个英雄，这真的很难！"

康维尔说到这里停了下来，等到掌声变弱了，才接着说："我、麦金利和加菲尔德，三个人在一起聊天。聊到赞美诗的时候，那两个大人物都说他们喜欢一首古老的赞美诗，名叫《往日的信仰》。尤其是加菲尔德，他说他对这首诗有特别的情感，因为他从小是被一个好心的老人带大的，而这位老人每天早上都会站在窗外的牧场围栏旁，咏唱这首赞美诗。每到这个时候，小加菲尔德就知道，该起床了！加菲尔德说，尽管他长大后听过世界上最棒的音乐会，也听过世界上最美妙的歌剧，但在他的心里，什么歌曲都比不上《往日的信仰》。至于麦金利为什么喜欢它，我忘记了，不过他对这首赞美诗的喜爱程度不亚于加菲尔德。"

讲道时，康维尔不会放过任何一个可以给听众留下深刻印象的机会。他在这一刻有了一个想法。很快，他说出了诗的编号。大管风琴开始弹奏，教堂里的男女老少则和着节奏，一句句地吟唱起来。他们唱的就是《往日的信仰》。

康维尔曾经和两位伟人见面，如今他站在众人面前，带领大家一起吟唱。在他的带领下，人们仿佛回到了过去那段艰辛的拓荒岁月，浑身充满激情，每一颗心都沉浸在感动里。

💎 火焰般的热情与魅力

康维尔从小就喜欢在众人面前演讲，他常常参加各种乡下的集市、学校的毕业典礼或校庆，甚至是定期集中做缝纫活的缝纫集会，他不会放过任何当众说话的机会。起初，他演讲只是为了丰富自己的经验，或是得到火腿或大折刀之类的奖品。他至今还记得，自己第一次演讲获得的酬劳是 75 美分——不过，这笔钱不是付给他的，而是给他的马。每当想起这些，他都觉得很开心，因为这些经历都是宝贵的训练，是无价的。

康维尔一直很感念约翰·高夫。当时身居高位的高夫，看到了这个出身山区的年轻人的潜质,因此愿意提携他。在马萨诸塞州的一个小镇上,高夫把康维尔介绍给当地的一些民众,这让康维尔倍感荣幸,也为他的演讲事业带来了很大的帮助。

演讲是康维尔一生中最重要的工作,通过演讲,他和上千万人有了紧密的联系———一点也不夸张,真的是上千万人。

我问康维尔,他知不知道自己为多少人演讲过。他大概地想了想自己演讲了多少次、每次人数多少,这样算下来,听众至少上千万。上千万人!这个数字多么惊人啊!我也问过康维尔的私人秘书同样的问题,可惜没有人做过类似的记录。如果再计算得仔细一些,听过他演讲的人大约有 800 万,听过他讲道的人则超过 500 万,这样一合计,康维尔的听众超过了 1300 万人!真实的数据只会比这更多,因为他直到现在还在孜孜不倦地工作。

康维尔乐意去一些不知名的小地方演讲,而这些地方鲜有名人光顾。康维尔认为,地方越小,人们越需要激励,因此尽管他已年过七十,尽管这些地方条件恶劣,他也愿意克服种种困难,欣然前往。他奉行终身工作,从来不知道休息,哪怕偶尔觉得疲倦,只要一想到约翰·林和那把宝剑,就又立刻精神抖擞、斗志昂扬。

我手上有一份行程表,上面列出了他今年(1915 年)夏天应邀出访的城镇。

6 月 24 日 衣阿华州阿克莱

6 月 25 日 衣阿华州滑铁卢

6 月 26 日 衣阿华州德科拉

6月27日 衣阿华州沃空*

6月28日 明尼苏达州红翅

6月29日 威斯康星州河瀑

6月30日 明尼苏达州北野

7月1日 明尼苏达州法里波特

7月2日 明尼苏达州春谷

7月3日 明尼苏达州蓝地

7月4日 明尼苏达州法蒙特*

7月5日 明尼苏达州水晶湖

7月6日 明尼苏达州红杉瀑

7月7日 明尼苏达州威尔麦

7月8日 明尼苏达州道森

7月9日 南达科他州雷德菲尔德

7月10日 南达科他州胡罗

7月11日 南达科他州布鲁金斯*

7月12日 明尼苏达州派普斯唐

7月13日 衣阿华州哈沃登

7月14日 南达科他州坎顿

7月15日 衣阿华州彻罗基

7月16日 衣阿华州波卡洪塔斯

7月17日 衣阿华州格里登

7月18日 衣阿华州波恩*

7月19日 衣阿华州德克斯特

7月20日 衣阿华州印迪罗拉

7月21日 衣阿华州科里唐

7月22日 衣阿华州艾塞克斯

7月23日 衣阿华州塞德尼

7月24日 内布拉斯加州瀑布城

7月25日 堪萨斯州哈瓦沙*

7月26日 堪萨斯州弗兰克福特

7月27日 堪萨斯州格林里弗

7月28日 堪萨斯州奥斯恩

7月29日 堪萨斯州斯托克唐

7月30日 堪萨斯州菲里普斯伯格

7月31日 堪萨斯州曼卡托

8月3日 宾夕法尼亚州西野

8月4日 宾夕法尼亚州加斯托

8月5日 宾夕法尼亚州阿勒加尼港

8月6日 纽约威尔斯维尔

8月7日 纽约巴思

8月8日 纽约巴思*

8月9日 纽约彭堰

8月10日 纽约阿森斯

8月11日 纽约奥威哥

8月12日 纽约帕奇格

8月13日 纽约杰尔维斯港

8月14日 宾夕法尼亚州洪斯达尔

8月15日 宾夕法尼亚州洪斯达尔＊

8月16日 宾夕法尼亚州卡波达尔

8月17日 宾夕法尼亚州蒙特罗斯

8月18日 宾夕法尼亚州南提科克

8月19日 宾夕法尼亚州南提科克＊

8月20日 宾夕法尼亚州斯特劳兹堡

8月21日 新泽西州牛顿

8月22日 新泽西州牛顿＊

8月23日 新泽西州哈克兹唐

8月24日 宾夕法尼亚州新望

8月25日 宾夕法尼亚州多尔斯唐

8月26日 宾夕法尼亚州菲尼克斯维尔

8月27日 宾夕法尼亚州克尼特

8月28日 宾夕法尼亚州牛津

8月29日 宾夕法尼亚州牛津＊

（＊礼拜天讲道）

行程如此密集，一个年轻力壮的人都未必能坚持下去，更何况一个70岁的老人？然而康维尔做到了，他几乎每天都在演讲，礼拜天还要在所到之处的镇上讲道。他做这些可不是为了赚钱，因为他把所有的收入都拿去做慈善，用来帮助那些需要帮助的人。

谦逊是康维尔又一个优秀的品质。他知道并且承认自己在工作上不辞辛劳，但对于所获得的成功，他将之归功于帮助和支持他的人。他认为，如果我要将他的生活呈现在世人面前，那么只需要记录别人为他做的事情就可以了。每当听到人们说他在南北战争时期甘愿为了士兵们奉献，他除了高兴，更多的是惊奇，因为在他的记忆里，是士兵们为自己奉献的多。他忘了，士兵们之所以喜爱他，是因为他总是牺牲自己的舒适为他们争取利益，有时候甚至不顾个人的生命危险。

他不喜欢听到别人的赞美，如果你尊敬、喜欢他，倒不如和他一起做好事。他总说，他的教堂之所以成功，离不开大家的付出；他的大学之所以成功，是师生共同努力的结果；他的医院之所以成功，是因为医生和护士的服务好……"大家都很包容我。"他说。每当自己的计划成功实现时，他都会觉得像做梦一般。但将实际的成功和预期的目标相比较，他又会感到沮丧，因为他对自己的期望远远超过了自己能做到的。这或许就是所谓的"胸怀大志"吧。

康维尔待人谦逊又和蔼，没有人不喜欢他。贝亚德·泰勒[①]和康维尔很早就认识了，他们互相赏识，曾一起周游过世界。在当时，美国人很少到尼罗河、东方和欧洲旅游。

泰勒去世后，康维尔主持了在波士顿为他举行的追思会。康维尔希望这个追思会不只是讲讲话而已，他找到朗费罗，拜托他写一首诗以便在会上朗读。本来朗费罗生了重病，无法出席那场追思会，而且他也想不到应该写什么。但受到康维尔的鼓舞和感染，朗费罗竭尽所能，写出了美丽的诗句并寄给康维尔。那首诗的前两句是这样的：

---

① 贝亚德·泰勒，1825—1878，美国旅行作家、外交家和诗人。

他无声无息地长眠在自己的书中，

脸上带着神赐般的安详。

那场追思会有许多文人参加，包括爱默生。受康维尔的邀请，霍姆斯朗诵了这首诗，在场的人都静静地聆听，直到追思会画上美好的句号。

尽管康维尔影响了数以千万的人，但是他获得的名望却和他的影响力完全不匹配。很多美国教育和文化界的名人甚至对他所做的事情一无所知。这听起来有些不可思议，但却是事实，因为康维尔不热衷于自我宣传，而且除了他自己的教堂和大学，他宁愿花时间去一些小教堂为那些被遗忘的人演讲，给他们带去鼓舞和希望，也不愿去大城市对那些悠闲的有钱人讲话，借机扩大自己的名声。

他衷心地希望自己能让每一个接触过的人都有所获益，并把注意力都放在那些穷苦、遭受了失败的人身上。他很少参加政治活动，也没有担任过除学校委员会委员以外的政治职务。他一直都是默默无闻地工作着、奉献着。或许这也是他无法声名远扬的原因之一。

康维尔认为自己只是一个普通人，自己的工作也并不令人神往。当我提出想采访他时，他很惊讶，完全想不到会有人想写他的故事。可实际上，他真的很不平凡，也做了许许多多不平凡的事情。比如，他有很强的组织能力和领导能力，他年轻时组织过辩论会，南北战争时为南方的黑人儿童创办了一所免费学校，还创办过报纸……随着岁月的流逝，他的组织和领导才能促使他做出了越来越伟大的事业，比如修建教堂、创办大学。

康维尔具有多面性，他的性格中还有一个奇怪的特点，那就是喜欢火。据他回忆，小时候受过的最大惩罚就是因为玩火。中年的时候，康维尔拿到了自己出生的那座房子以及周围土地的所有权，他拥有了此生最愉快的一次经历：拆掉破破烂烂的旧房子，把树枝、废木料和垃圾堆在一起，放一把火烧了。看吧，他总是精力充沛的原因找到了——内心充满了火一般的热情！

多年来，康维尔一直饱受风湿病和神经炎的折磨。因为疼痛，他下楼时都不得不弓着身子，可当有人想帮助他时，他会说"我没事"。他平静地工作、谈话，从来不让病痛影响自己的工作。就像那个斯巴达男孩想隐藏被狐狸撕咬的痛苦一样，他也想隐藏自己的病痛，不被人注意到。有时候，他会拄着拐杖参加会议或讲道。凭着顽强的意志力以及工作的激情站在听众或教友面前的康维尔，总是一副充满力量与热情的姿态。

💎 创立天普大学

天普大学的创立堪称传奇，任何人得知其中的故事，都会无比振奋。

在康维尔位于伯克希尔的老家，我询问他关于这所大学的情况，他是这么回答我的：创办这所大学是出于需要，运转良好则要归功于尽职尽责的教师们。当我想进一步了解具体细节时，康维尔先是沉默了一会儿，把目光移向远处的河水和山丘，然后才悠悠地说道："坦白地说，天普大学的创立是水到渠成的，一切都发生得很自然。有一天晚上，当我做完礼拜后，教会里的一个年轻人找到我，他看起来满腹心事。我想他应该是有什么烦恼想向我倾诉，便让他坐下来。

"'康维尔先生，'这个年轻人说，'我现在挣得太少了，也没什么前途。我既要养活自己又要赡养我的母亲，开销太大，存不下一点钱。我该怎么做呢？'

"我告诉他：'你如果有决心和志向，愿意在晚上挤出时间学习，就可以实现自己的梦想。'

"'话是这么说，我自己也这么想过，可是真正做起来却不容易。我当然愿意好好利用每一分每一秒空闲的时间，可是我找不到正确的学习方法。'

"'这样吧，每周找一天的晚上，你来我这里，我教你。'看着眼前的这个年轻人，我能感受到他有很强烈的学习意愿。

"当我指定时间之后，这个年轻人开心极了，连连说自己一定会来，然后就走了。不过没多久他又折返回来，问我：'那我可以带一个朋友来吗？'

"我点了点头，告诉他带多少人来都可以。到了那天晚上，他带着6个朋友一起来听我讲课，我教他们拉丁文基础知识。"

康维尔停止了讲述，似乎故事到这里就结束了。他的目光依然停留在远处的山水之间。我猜，他的思绪应该飘回了创立大学的那些日子。对于他来说，这所大学的意义重大。过了一会儿，他的声音再次响起来："到了第三个晚上，来上课的人增加到了40个，还有人愿意来帮我上课。于是我们租了一间屋子，过了不久租了一座小房子，接着又租了第二座房子。我们成立了学院，一开始学生和老师也不算太多。后来我们把学校搬到了百老汇大街，就在天普教堂旁边。一段时间之后，学院升级为大学。我们办学的宗旨，就是让那些无法通过正常渠道接受教育的人获得知识。情况就是这样。"

康维尔的作风一贯如此，把每件事情的开始都交代得清清楚楚，对于结果却一带而过。如果你了解他就会明白，这是因为在他看来，做任何事情，最重要的就是开始。只要我们以认真的态度开始去做，并且始终沿着正确的方向，最终就会有所成就。

这个故事并不是以"情况就是这样"而简单结束的，天普大学的作用和影响力远远超过了康维尔所描述的。从1884年的某个晚上康维尔在自己的书房给7个学生上课开始，学生的人数不断地增加，到1915年举行毕业典礼的时候，天普大学的学生人数达到了88 821人。可以想见，这位创办人在一生中培养了多少名学生。如果没有天普大学，这近10万人可能就没有机会接受高等教育。所以说，再怎么夸耀康维尔的功劳和成就都不足为过。这一切的缘起，就是康维尔为了满足一个穷苦的年轻人对知识的渴望。

"我还想说的是，"康维尔意外地接着说了起来，"创办天普大学是一个很冒险的想法，但令人欣喜的是，它被成功地创办起来并逐渐步入了正轨。得到这一结果，得益于很多人的大力支持和帮助。那些志愿者，比如宾夕法尼亚大学的教授、公立学校和其他地方学校的老师，如果不是他们愿意付出时间来上课，学校就无法正常运转。他们这种一心一意、无私奉献的精神，实在令我钦佩和感激。学校刚起步的时候，人们对这种教育的需求是很强烈的，因为当时根本就没有夜校或是手工培训学校。费城是最先开办这类学校的城市。在那之后，天普大学也很快成立了一些分校。如今，人们的需求似乎有增无减。"

当然，需求一直在增加！每年的《大学情况一览》就说明了这一点。

1887年，也就是创办后的第三年，天普学院（当时的名称）发行了第一期《大学情况一览》，上面用简洁有力的文字阐明了它的办学宗旨：

为必须半工半读的人提供最合适的高等教育；
培养学生对高等且实用的学科的爱好；
唤起年轻劳动者为同胞服务的坚定志向。

1888年，天普大学获得政府颁发的特别许可证，当时的在校人数近600名。此后，申请入学的人越来越多。康维尔认为，这恰恰说明，人们即便是为了谋生而工作，也是有时间学习的。

实行弹性上课时间，这是天普大学的特色，也是康维尔引以为傲的一点。从早上9点到晚上10点，只要有10个学生都提出需要在某一时间段上课，学校就会安排这门课程。这意味着需要非常多的老师。不过，只要满足了学生们的需求，聘请如此多的老师需要花费的时间和精力也就不值一提了。

还有一点也令康维尔十分骄傲，那就是天普大学给学生颁发毕业证的标准是学生是否真正学到了知识，而不是以学生的上课考勤为依据。学生不是非要读完四年的课程，如果有人可以用两三年的时间就把所有的课程学完，那么他就可以提前拿到毕业证。学校也鼓励学生们尽早取得文凭。

显而易见，天普大学不欢迎来混日子的人，如果你只是想得到一个文凭，那就来错了地方。这里是专门供劳动者进修的学校，学生来自各行各业，包括铁路员工、银行职员、财务人员、老师、牧师、技术工人、销售员、药店职员、政府职员、护士、管家、消防员、工程师、司机、售票员和店员，等等。

随着规模的不断扩大，学校的学术成就和名望也不断提高。1907年，宾夕法尼亚州政府正式授予学校"天普大学"的称号。至此，它形成了三大教学体系：

为取得了小学文凭的学生提供中学教育；

为取得了中学文凭的学生提供完整的大学教育，开设的课程与其他大学一致；

为渴望学习法律、医学或工程学等某一专业课程的大学毕业生提供科学的教育。

去年（1914年），天普大学招收了3654名新生，其中法律专业的新生为141名，神学专业的新生为182名，医药学专业的新生为357名，土木工程专业的新生为37名，师范专业的新生为174名。其中还有269名学生是奔着烹调、制衣、手工艺、园艺学、说书等技术与职业课程来的。总体来说，它是一所理论与实践相结合的学校。

天普大学并不是一个慈善机构，它的学费很低，教学时间也完全根据学生的需求来安排。不过，它是一所绝对独立的大学。有一位教授说，比起那些靠私人巨额捐赠兴建的著名大学，天普大学的独立性要高得多。

早些年，天普大学急需资金，某些富人说要捐款却迟迟没有付诸行动。如今，学校倒是庆幸没有接受捐款，因为它是一所"为能从事身心劳动的男女创办的学校"。学校的管理者也能够自豪地说："从这里走出去的学生就业率是百分之一百，没有人没有找到工作。"

起初修建教学大楼时，学校得到了很多人的捐款，其中有工厂工人每人捐50美分凑起来的400美元、每个警察捐1美元凑起来的2000美元。人们之所以自发地捐款，是因为他们知道，这里不会是一个浪费金钱和时间的地方。过去两三年里，宾夕法尼亚州政府每年都会给学校拨一笔资金，用于培养有远大志向的学生。政府的资助是一种认可，表明天普大学具有很高的社会价值。

康维尔认为，每个人生而平等，人人都有接受教育的机会。他深信，教育不仅能赋予一个人谋生的能力，还能增加其个人价值，这无论是对个人还是对社会，都是极其有益的。

来天普大学学习的人，其中很多在同一个公司或同一家工厂工作，他们中有的人毕业后就升职了，有的人从办公室小员工一跃成为银行行长，有的人从厨房女工变成小学校长，还有的人从清洁工变成市长……听起来像是《天方夜谭》里才会出现的故事，在这里都是真实的。自助者，天普大学助之。

康维尔还告诉我一件他觉得很有趣的事情。

有一天，一位年轻女士找到康维尔，说她每周只能挣到 3 美元，希望康维尔能给她提供一些挣到更多钱的办法。

康维尔欣赏女士的抱负和直率，但是他也有一个疑问：这个女士头上戴着一顶帽子，那可不是周薪 3 美元的人能买得起的。

尽管康维尔觉得很奇怪，但是他没有贸然下结论，更不会拒绝一个前来寻求帮助的人。于是他坦诚地说出了自己的困惑。经过了解，原来那顶看起来价值不菲的帽子是女士自己做的！康维尔立刻知道这位女士应该怎么改善自己的生活了——她既然能为自己做出如此好看的帽子，肯定也能为别人做。

"不如你就卖女士帽子吧！"康维尔对女士说出了自己的建议。

"我可以吗？可是我懂的并不多啊。"女士大声说。

于是，康维尔提议女士来天普大学上女帽制作课程。在此之前，这位女士根本就没听说过这类课程。康维尔耐心地解释了这门课的内容、上课的时间和课程计划，并且告诉女士，她可以一边工作，一边学习。听到这里，这位女士的眼都亮了，她似乎看到了一个更加美好的未来在向自己招手。

"这位女士很了不起，"康维尔说，"她工作起来很投入，不知疲倦。毕业后，她去了北方的一个城市，在那里开了一家以她的名字命名的女帽公司，生意很好。这件事情已经过去几年了，最近我收到了她的一封信，她在信里说，光是去年，她的净收益就达到了 3600 美元！"

有一个大人物在评价康维尔时说："一般的语言很难讲清楚他取得的成就。"的确，从那片多岩山区走出来的康维尔，不但自己取得了非凡的成就，还鼓舞和激励了许许多多的人获得成功。

◇ 创办医院

除了创立天普大学，康维尔还创办了一家医院。

做了很长一段时间牧师工作之后，康维尔清楚地知道，城市里有很多人正遭受着病痛的折磨，并且为此十分苦恼。生病的人太多，而当时的医疗资源又不足，这促使康维尔萌生了创办医院的想法。

起初医院的规模也很小——两间租来的屋子，一个护士，一个病人——这就是全部。不过，这就是康维尔的风格。在做一件事情的时候，许多人都想"干票大的"，等到自己有足够的资金或能力之后再起步。康维尔则是先做了再说，哪怕规模很小也无关紧要，他更看重的是开始。

1891年，撒玛利亚医院创立，条件极为简陋。一年后，医院有了一栋大楼，配备了一些病房和手术室。如今，这家医院有好几栋大楼，还有一个大型建筑正在规划中。现在医院共有170张床位，配备了所有最新的现代化医疗设备，医生的阵容也十分强大。

无论你是什么种族、什么信仰，若是生了病，都可以来这家医院就诊。它从来不会将穷人拒之门外。医院规定可以免费为家庭困难的病人提供治疗，但是有能力支付医药费的人，就需要根据不同的治疗方式支付相应的医疗费用。

这家医院不仅每周日下午有固定的探视时间，周一到周六，也会安排一个晚上开放家属探望。"很多人工作很忙，如果不这样安排，他们就很难抽出时间来探望生病的亲友。"康维尔说。

大约8年前，康维尔又接管了加雷兹医院，这家医院不是康维尔创办的，而是收购的。现在，撒玛利亚医院和加雷兹医院都归属于天普大学。撒玛利亚医院从成立到1915年中，一共收治了29 301名病人；加雷兹医院的经营时间短一些，收治了5923名病人。在康维尔的领导下，这两家医院的门诊部和住院部一共治疗了超过40万名病人。

康维尔不仅是教堂的主任牧师，是学校的校长，还是两家医院的院长。他是一切和他有关的事情的领导！有如此多的事情需要他花时间处理，而他又都确确实实能够处理好，这不能不说是一个奇迹。

康维尔有几个得力的助手，他们都非常了解他，也非常忠诚。不过，康维尔本人的能力是无人能及的，他可以有效地利用时间同时处理大量烦琐的事务，把所有的事情安排得妥妥当当。因此，所有和他一起工作的人，都会虚心地征询他的意见和指示。

除了私人秘书，康维尔还有好几个负责特定工作的秘书。由于行程太满，他常常在火车上向秘书口述工作。就连回伯克希尔老家度假的那几天，他也不忘工作。他身兼数职，尽管如此，他还能抽出时间到全国各地演讲。能做到这样，大概只能用他是一个精力充沛、意志坚定的超人来解释了。

◆ 独特的人格魅力

康维尔喜爱乡村，尤其是他孩提时生活过的乡村。他喜欢从山间拂过的微风，喜欢从高处往下看到的辽阔景色，喜欢森林里隐蔽幽静的角落；他喜欢潺潺的溪流，喜欢山中的野花；他喜欢泥土，也喜欢巨大而裸露的岩石。

他有时候会写诗，也为几首古老的曲调写过歌词。有一次，我偶然发现了他以伯克希尔为背景描绘天堂的诗句：

宽广绵延的山谷不会褪色
树木全都不朽，鲜花永远绽放

他眼中的天堂，没有金光闪闪的大道，也没有奢侈的象牙宫殿，而是山谷、树林、鲜花和广阔的荒原。

采黑莓是康维尔喜欢的休闲方式之一，无论是独自去采还是和朋友一起去采，他都可以同时在心里默默规划自己想做的事或是构思某个讲道的内容。钓鱼就更好了，在钓鱼时，他不但可以放松和休息，还能同时思考和做工作计划。

当他还是小男孩时，曾经许下一个愿望，希望在流经家门附近的鲑鱼溪流上筑一个坝。半个多世纪后，他的家门口有一个长 0.75 英里、宽 0.5 英里的大池塘，里面养满了鲑鱼。他喜欢静静地漂在池塘的水面上，要么思考，要么钓鱼，要么两者同时进行。就是在这里，他向我传授了顶着烈日捕捞小梭鱼的方法。

鲑鱼溪的水流入康维尔的池塘再流出去，穿过原野，长达好几英里远。康维尔家附近有一个专门供有钱人钓鱼的俱乐部。有一次，俱乐部的负责人找到康维尔，表示愿意花大价钱买下鲑鱼溪。康维尔拒绝了。"我小时候经常在这条溪里钓鱼，那真是一段快乐的时光。现在的孩子也应该享受这种快乐，我欢迎孩子们来我这里钓鲑鱼。"

一天，当我和他沿着小溪散步时，他突然问我："你有没有发现，每一条溪流都有自己的专属音乐？每碰到一条小溪，我都能听出属于它的歌。"

康维尔对故乡的热爱源于它的粗犷。与其说他热爱故乡，不如说他热爱那种粗犷的气息。这种粗犷与他的性格紧密相连，仿佛他就是那些山的化身，拥有着山的力量、粗犷、勇敢与坚韧。他的这种性格特质，使得他在生活中无论面对什么困难，都能坚韧不拔，勇往直前。

他的外貌也反映了他的性格。他身材魁梧强健，肩膀宽阔，两手有力，这些都是他力量与坚韧的象征。深栗色的头发也为他增添了几分粗犷的气息。虽然岁月在他的脸上刻下了深深的皱纹，但当他讲话时，这些皱纹就会消失，取而代之的是那双神奇的眼睛焕发出的光彩。他的声音虽然低沉，但当站在讲台或讲道台上，或是与人谈话时，他的眼中就会迸发烈火般的激情，让人感受到他的魅力。

康维尔是孤独的。早年伴侣的离世，给他带来了深深的哀愁。尽管后来再婚，但第二任妻子在共同生活几年之后也离开了人世，再加上子女们建立了自己的家庭，他再度陷入孤寂。但他并未因此消沉，工作的繁忙让他无暇伤感。年岁的增长，朋友的离去，都让他更加珍惜当下的每一刻，更加投入地工作，因为他深知生命的短暂与无常。

他对宗教的信仰深沉而真挚，却从不将这种信仰强加于人。他坚信，信仰的力量在于行动和美德，而非空谈。无论是面对一人还是千人，他的演讲总能打动人心，引人深思。他善于用故事来传达思想，因为在他看来，生动的故事远比空洞的辩论更能触动人心。

他的人格魅力在于他的朴实与亲切。无论是在讲道台上还是台下，他都保持着那份真挚与热情。若是看到教友中有熟识的面孔，他便会走下讲道台，与他们低声交谈，让人感受到他的温暖与关怀。

早些年，他经常亲自为穷人送去粮食，给予他们最直接的帮助。然而，随着名声的增大，他逐渐改变了行善的方式，为的是避免被人误解为炫耀。但无论什么时候，只要听说有人需要帮助，他都会毫不犹豫地伸出援手。他视金钱为助人的工具，而非个人的积累，这种慷慨与无私让人敬佩。

回顾纽约市的历史，那些地方领袖之所以取得成就，往往是因为他们具备了一系列卓越的特质。结识康维尔后，我尤为深刻地感受到了他身上的优秀品质。当我提及此事时，他立刻分享了自己与"大提姆"沙利文的交往经历。据说，"大提姆"曾赴费城援助困境中的支持者，康维尔也及时地伸出了援手。独具慧眼的康维尔洞察了许多人未曾察觉的真相，即那位坦慕尼协会领导者的非凡特质。尽管"大提姆"以狂妄著称，但康维尔更看到了支撑他权威的根本，那便是他的慷慨。不提"大提姆"的狂妄与康维尔的谨慎，两位大师在诸多方面均展现出了惊人的相似性，他们都对人的面貌和姓名有着超强的记忆力。

无疑，康维尔是优秀公民的典范。他从不张扬所谓的"美国精神"，也鲜少谈及优秀公民的话题。然而，他的行动却无声地诠释着这一切。无论是教堂还是家中，那面醒目的国旗都是他坚定信仰的象征。在伯克郡的住所，他甚至在一座塔上高高挂起了一面美国国旗。据说，他小时候，那里有一棵大树，树顶有鹰巢，因此他将自己的住所命名为"鹰巢"。

我曾读到过一个故事，描述康维尔如何勇敢地爬上那棵大树，加固鹰巢。当我向他求证时，他淡淡地表示，听人说起过这个故事，不过自己并不记得具体细节了。但无论真假，这都展现了他坚定不移的决心和勇气。对于真心想做的事，他总会毫不动摇地坚持下去。

有时，朋友们以为康维尔已经忘记了某个决定，却突然发现他又重新提起并付诸实施。我不禁想起了伯克郡的那个池塘，那正是他意志坚定、从不放弃的一个缩影。

一旦他下定决心做某事，任何反对意见都无法动摇他的决心。多年前，他戴上一枚巨大的钻戒，引起了众多非议。但他并未因此动摇，继续坦然地戴着它。几年后，当他取下钻戒时，人们以为他终于屈服于批评。然而，他笑着告诉我："那枚钻戒是教会里一位热心的老执事送的，我不想拒绝以免伤害他。戴着那么显眼的东西确实不舒服，但为了不伤害那位老执事，我一直戴到他去世为止。"

康维尔就是这样一位全身心投入工作的人，工作使他忘却了这一生的伤痛与孤独，也忘却了自己的年纪。他曾亲口对我说："我会在工作中死去。"

罗伯特·沙克尔顿

APPENDIX

—— 附录 3 ——

有钱人的
致富秘籍

◇ 善于理财，方能致富——财富背后的算术逻辑

学会投资

即使是微不足道的积蓄，通过合理的投资也能转化为可观的财富。年龄的增长或许带来了体力和精力的挑战，但经验和智慧却成为投资中不可或缺的资产。

吉姆·罗杰斯说过，适当的投资能够规避风险，引领我们走向富裕之路。投资并非简单的资金转移，它需要的是敏锐的眼光和果断的决策。

巴菲特被誉为投资界的传奇人物，他凭借股票和外汇投资，跻身世界富豪之列。他的投资智慧可以概括为三点：首先，将股票当作小型商业单元来审视；其次，敏锐地捕捉市场波动中的投资机遇；最后，根据自身实力谨慎投资，不盲目跟风。投资非投机，根据市场信息妥善选择投资方向，方能稳健获利。

这位美国投资大师坚守的投资哲学包括：

其一，摒弃过度消费，以投资的眼光规划未来。金钱若只用于享乐而不进行投资，终会耗尽；若想持续消费，就需要用心投资。

其二，冷静应对热门股票，不盲从潮流。真理有时掌握在少数人手中，当众人疯狂追捧热门股票时，应谨慎思考，避免跟风；要想投资成功，需苦练基本功，依据市场信号进行买卖，而非随波逐流。

其三，投资忌贪心。贪心易使人迷失，看不清市场真相；赚钱过程中，应坚守原则，果断买卖，避免因为犹豫而错失良机。

其四，倡导合作精神。投资并非个人游戏，有时会涉及团队的利益。一定不要单打独斗，而应携手共进；有时候，众人意志或许可以扭转局势，反败为胜。

其五，师从投资大师。作为投资新手，知识与经验都很有限，如果光凭勇气贸然闯入，容易遭遇失败。我们应该向大师学习。要注意的是，学习不是简单地模仿，而是通过大师的推荐或培训，探索适合自己的财富之路。

其六，拉长投资时间。投资并非一条快速致富的捷径，需要付出耐心。不要因为短期内没有回报就抱怨，投资是一个长期见效的过程，需要稳住心态，拉长投资时间，静待收获。

节俭是致富的秘诀

不论外界如何评价，都应坚持自己的理财原则。巨富洛克菲勒正是这一信条的践行者，他一生秉持节约的理财观念，并将其作为自己成功的重要基石。

洛克菲勒早年在一家石油公司工作，他的任务是焊接装石油的油桶。洛克菲勒发现，每焊接一个油桶都会产生一定数量的熔渣，这引发了他对成本控制的思考。通过细心观察和不断尝试，他改进了焊接技术，成功地将每个油桶的熔渣数量从509滴减少到508滴，这一看似微小的改变却带来了惊人的经济效益，使公司每年节省了大量资金。这一举动不仅为他赢得了晋升机会，更展现了他对节约的深刻理解。

当洛克菲勒有了一些积蓄后，他开始自己创业。尽管初期经营困难，资金紧张，但他始终坚持节约的原则，不断寻找发财的方法。一次偶然的机会，他从一本书中领悟到"勤俭是致富的秘诀"。此后，他更加努力地节省开支，增加收入，将每天的开销都精打细算，并将大部分盈利存起来。5年后，他用存下来的800美元买卖煤油赚钱。又过了一段时间，他又将存下来的钱投入石油开发。经过30多年的勤俭经营，洛克菲勒的财富像滚雪球一样越滚越大，他最终成为美国最大的财阀之一。

洛克菲勒的故事告诉我们，努力赚钱是开源，设法省钱是节流。财富的积累不仅需要我们努力工作以赚取更多的收入，更需要我们注重节约，杜绝浪费。只有这样，我们才能真正实现财富的持续增长。

支出不能超过收入，否则便为异常，这是一条经营铁律，因为这与财富增长背道而驰。

偶然有一天，一位鸡蛋销售员碰到了富翁亚凯德，便趁机向亚凯德请教致富之道。

亚凯德问了鸡蛋销售员一个问题："如果你每天早上可以收到10个鸡蛋，每天晚上又必须取出9个鸡蛋，一段时间过后会是什么结果？"

"篮子里的鸡蛋当然会越来越多啊。"

"那你知道这其中的道理吗？"

"很简单，每天放进去的鸡蛋比取出来的鸡蛋多。"

"没错。"亚凯德说，"这就是致富的第一个秘诀——每天收入10元，但只支出9元，你的钱包就会逐渐充盈，满足感也随之而来。"

亚凯德强调，不要因这个方法简单就轻视它，实际上，这正是他积累财富的关键。他起初也没什么钱，但是当他开始遵循这一原则后，钱包便渐渐鼓了起来。

"如果你按照我的这个方法去做，很快就能感受到财富增长的喜悦。"亚凯德说。接着，他还分享了另一个奇妙的经验：当支出控制在收入的九成以内时，不但生活品质有所保障，赚钱也变得更为容易。那些坚守节俭并只花费部分收入的人，往往更容易积聚财富。相反，那些月光族，钱包永远是空的。

亚凯德的原则在其他成功人士身上也得到了体现。如以节俭著称的连锁店大王克里奇，尽管拥有亿万资产，但他的午餐费用仅为1美元。又如克德石油公司的老板波尔·克德，他在参观展览时，为了节省0.25美元，宁愿等待20分钟购买半价票。这些看似微小的节省，却正是他们成为富豪的重要原因之一。

理性消费

世界上最会赚钱的人，往往也是最会花钱的人。他们懂得如何平衡收支，用金钱创造更多的价值。与此相反，有些经济拮据的人却常常因为虚荣心而过度消费，陷入贫穷的恶性循环。

卡恩站在一家商场门口，盯着橱窗里的商品。他的旁边有一位绅士在抽雪茄。

"你的雪茄闻起来不便宜，是吗？"卡恩说话的时候，整个人站得毕恭毕敬的。

"2美元一支。"绅士回答。

"确实很贵。……那你一天要抽几支？"

"10支。"

"我的天啊！你抽了多久了？"

"我从40年前就开始抽了。"

"你有没有算过一笔账，要是你不抽烟，省下来的钱都可以买下这家商场了。"

"那你抽烟吗？"

"不，我不抽烟。"

"那么你买下这家商场了吗？"

"这个……"

"告诉你吧，这家商场就是我的。"

事实上，真正的财富并非通过克扣自己得来，人们需要学会如何花钱和投资。

不知道你有没有发现这样一个现象：越是没钱的人，出手越大方。这或许揭示了社会中一种普遍存在的心理现象，即一些人在经济条件有限的情况下，仍倾向于追求超出自己负担能力的物质享受，以满足虚荣心或社会认同感的需求。

然而，我们应该认识到，这种追求超出自己负担能力的物质享受的行为并不可取。它不仅会导致个人经济状况的恶化，还可能引发一系列社会问题，如债务危机、消费过度等。

因此，我们应该树立正确的消费观和价值观，理性对待金钱和物质享受。只有这样，我们才能避免无谓的抱怨，真正迈向财富之路。

信息是财富的钥匙

在信息如潮的时代，谁能够从纷繁复杂的信息中敏锐地捕捉机会，谁就能拥有无尽的财富。谈到把握信息，我们不得不再次提及投资界的传奇人物——彼得·林奇。

麦哲伦基金，创立于20世纪60年代初，在成立的第10个年头遭遇了美国股市的崩盘，当时局面堪称惨烈。面对这场几乎让麦哲伦基金陷入绝境的股市危机，作为基金主管的彼得·林奇展现出了卓越的领导才能。

因遭遇大规模赎回，彼得·林奇果断决定对麦哲伦基金实施封闭性管理。他密切关注股市动态，并灵活采用"高周转率"策略来应对市场变化。彼得·林奇担任基金经理的首年，麦哲伦基金的投资周转率高达343%，这意味着他几乎每天都会买入和卖出5000万美元的股票。在接下来的3年里，周转率依旧稳定在300%以上。值得欣慰的是，3年的封闭期不仅稳定了基金的运行，也为麦哲伦基金赢得了宝贵的喘息和恢复时机。

封闭期结束后的第一年，麦哲伦基金实现了惊人的飞跃，资产规模跃升至1亿美元，并重新开启公开发行。这次经历对彼得·林奇而言是一次宝贵的锻炼，让他深刻认识到，在瞬息万变的经济海洋中，及时掌握准确的信息是至关重要的。

随后的10年，彼得·林奇成功引领麦哲伦基金达到了巅峰。据他回忆，麦哲伦基金重新开放后的10年间，其年平均增长率接近30%，基金管理的资产规模迅速扩张至140亿美元，公司的投资配额表也从最初的40种股票大幅增加到1400种，基金投资人数量更是突破百万大关。麦哲伦基金不仅成为富达的明星产品，还一跃成为全球资产管理规模最大的基金。

彼得·林奇的成功秘诀在于，他并不依赖于技术分析或动态曲线，而是依赖于敏锐的信息捕捉和深入的调查研究。

在接受记者采访时，彼得·林奇表示，他对某些投资理论和市场预测持有怀疑态度。他深知股市中风险无处不在，因此，股市理论家和预言家的观点在他看来并非绝对可靠。他强调，投资者不能盲目听从这些专家的意见，而应根据自己所获得的信息进行独立判断，盲目跟风很容易掉入投资陷阱。

◇ 只选对的，不选贵的——学会把握趋势赚钱

摒弃思维桎梏

现今，社会日新月异，投资创业的本质其实是一场关于创造力的较量。富人之所以能够脱颖而出，往往在于他们能够充分发挥积极性，打破传统思维框架，从"无"中创造出"有"，进而赢得丰厚的财富回报。

下面这个故事来自拿破仑·希尔的一次分享。

这件事已经发生很久很久了。那是一位饱经风霜的乡村老医生，他驾着马车，来到了一个宁静而古朴的小镇。他将马匹拴在路边的树桩上，随后悄悄地走进一家药店，与店内一位年轻的店员展开了一场神秘的交谈。

经过一个多小时的密谈，店员跟随老医生走向马车。老医生递给店员一个古色古香的铜壶。店员紧紧地握着铜壶，仔细地审视它，内心充满了期待与紧张。最终，他下定决心，将自己积攒多年的全部积蓄——整整500美元，交给了老医生。

老医生则将一张写有神秘配方的纸条递给了店员。对于这张纸条的价值，老医生自己也无法准确估量。同样，年轻店员对于这张配方能否创造奇迹也是难以确定。

然而，命运总是眷顾那些敢于冒险、勇于追求梦想的人。不久，这位店员遇到了一个美丽动人的女孩。他邀请她品尝铜壶中的饮料，女孩品尝后赞不绝口，两人因此结缘。最终，女孩成了店员的妻子，还与他一同使用老医生的配方生产饮料，共同开创了属于他们的商业帝国。

而这种饮料，正是如今享誉全球、家喻户晓的可口可乐。

要激发创造力，关键在于保持头脑的灵动与活跃，敢于挑战并突破传统的思维框架。追求利润的路上，我们必须勤于思考、敏锐捕捉商机，唯有如此，才能稳、准、狠地把握市场的脉搏，不断抢占先机，实现财富的持续增长。

虽然思维定式在某些情境下确实能带来诸多便利，比如减少思考时间、提升思维效率，甚至让我们在思考过程中感到轻松自在。然而，过度依赖这种定式却可能使之成为一个桎梏，限制我们的视野，阻碍我们洞察新的机遇与可能性。

在经商过程中，新问题层出不穷，旧问题也需要新的解决方式。这时，我们需要的是创新思考，而非墨守成规。

将精力集中于真正重要的事情

一只蜜蜂和一只苍蝇同时掉进了一个瓶子。蜜蜂不停地在瓶底忙碌，试图叮破瓶子以求逃脱，然而三天后，它因耗尽精力而死在瓶中。苍蝇则在短暂观察后，发现了瓶口的小洞，轻松地飞了出去。

这是《羊皮卷》中的一则寓言，它告诉我们，准确找到奋斗的方向至关重要。像蜜蜂那样只知道埋头苦干，虽然努力，但方向错误，最终只会徒劳无功。相比之下，苍蝇虽然看似悠闲，却能够迅速识别出问题的关键，将精力放在真正需要投入的地方，从而轻松解决问题。

在现实生活中，我们也常常看到类似的情景。有些人终日忙碌，却一事无成；而有些人看似轻松，却能取得显著的成就。其中的关键在于，后者能够清晰地识别出哪些事情是真正重要的，哪些事情是不必要的，从而合理地分配自己的精力。

拥有善于发现的慧眼

投资的方向和工具并非一成不变，它们随着市场的供需变化而不断演变。若我们固守最初的投资方向和策略，忽视市场的动态，市场终将抛弃我们。理论是恒久不变的基石，但策略必须灵活应变。在变幻莫测的投资市场中，成功的投资者能够敏锐地洞察市场趋势，发现新问题，进而抓住新的机遇，实现持续盈利。

美国人基姆·瑞德，年轻时致力于海洋沉船寻宝，然而，他的命运因为一颗高尔夫球而发生了转折。

一次偶然的机会，基姆目睹了高尔夫球因失误落入湖中的情景。在这一刹那，他的商业嗅觉被迅速唤醒，他意识到，湖底可能蕴藏着大量遗失的高尔夫球。于是，他毫不犹豫地换上潜水装备，投身湖中探寻。果然，他的猜测得到了验证，湖底堆积着许多崭新的高尔夫球，它们都是球手们失误时打入湖中的。

上岸后，基姆与球场经理达成协议，以每颗球10美分的价格，将打捞上来的高尔夫球再卖给球场。短短一天，他便捞出超过2000颗球，收入几乎等同于他往日一周的薪资。

基姆看准机会，将捞起的球清洗、喷漆后，以优惠价格售出。但好景不长，效仿者纷至沓来，加入打捞高尔夫球的行列。

基姆再次展现了他对市场的敏锐洞察力，他果断调整策略，专注于旧球回收业务。他不再亲自下水，而是轻松坐收渔利，通过以稍低的价格收购旧球，稳定获得大量货源。如今，他的旧高尔夫球回收公司已经取得了显著的成功，年收入轻松突破800万美元。

每天都有大量的高尔夫球落入湖中，许多人对此视若无睹，基姆却独具慧眼，从中窥见了商机。当众人纷纷效仿他的赚钱模式时，他又一次灵活应变，巧妙地将竞争压力转化为源源不断的财富。

聪明的投资者总是能够创造财富，他们擅长在看似平凡的事物中发现非凡的价值。在这个充满竞争的时代，唯有敏锐地洞察市场趋势，勇敢地抓住每一个机遇，并善于根据市场变化调整策略，投资者才能收获丰厚的回报。

适时放弃也是一种智慧

欲望是个无底洞，机会却如流星般转瞬即逝。很多时候，我们因渴望得到更多而犹豫不决，迟迟不采取行动，结果不仅未能满足内心的欲望，反而失去了原本拥有的宝贵之物。

商人列宛是靠炒股票发家的。一天，他看见自己八岁的儿子正在院子里捕雀。

只见孩子用木棍支起一个捕雀网，并在网下撒了些米粒作为诱饵。然后，他牵着系在木棍上的绳子，静静地躲在屋内等待。

不久，几只麻雀飞了过来，孩子数了数，竟然有十只之多。它们显然是饿极了，很快就有八只麻雀走进了网下。这时，列宛示意孩子可以拉绳子了，但孩子却摇了摇头，他悄悄地告诉列宛，他想等剩下的两只麻雀也进去后再拉绳子。

然而，过了一会儿，那两只麻雀并没有进去，反而有四只麻雀飞了出来。列宛再次提醒孩子赶紧拉绳子，但孩子似乎对失去的机会心有不甘，他说："再等等，应该还会有麻雀进去的。"

可是，事情并没有按照孩子的期望发展。接着，又有三只麻雀飞走了。这时，列宛对孩子说："现在拉绳子的话，还能套住一只麻雀。"但孩子似乎仍不甘心，他坚持认为还会有麻雀飞回来。

结果，最后一只麻雀也吃饱飞走了。孩子看上去十分失落。

列宛轻轻地抚摸着儿子的头，温和地对他说："孩子啊，欲望是个无底洞，而机会却像流星一样，转瞬即逝。我们经常会因贪求更多而犹豫不决，结果错过了最佳的行动时机。这样做，不仅无法满足我们的欲望，反而会让我们失去原本已经拥有的东西。你要记住，有时候，果断地采取行动，比一味等待更加重要。"

若决定投资某一行业，就必须精心策划短期、中期和长期的投资方案。

当短期计划启动后，若实际情况与预期存在出入，不要沮丧，而应坚定按照既定计划执行；若短期计划执行后效果不彰，应立即推出第二套方案，加大投入力度，确保各项策略得到有效实施；若第二套方案实施后仍未能达到预期效果，且缺乏确凿迹象表明未来会有好转，则应果断做出决策，及时放弃该项投资。

在经营过程中，我们应积极培养耐心，但这种耐心应当建立在对投资的盈利性和发展潜力的全面评估之上。一旦明确某项投资无利可图或前景堪忧，我们必须果断停止等待，不应为短暂的数月甚至数日时间所困，要迅速调整策略，寻找更有前景的投资机会。

丁伟